W0237076

STÉPHANE MANIGOLD

VIVRE SES RÊVES AFIN DE RÊVER DE SA VIE

PRÉFACE DE PIERRE ARDITI

le cherche midi

Il a été mis à part de l'édition
originale de cet ouvrage
300 exemplaires numérotés
de 1 à 300

Directeur de collection : Claude Fournier

Vous pouvez consulter notre catalogue général
et l'annonce de nos prochaines parutions sur notre site :
www.cherche-midi.com

© le cherche midi, 2022
92, avenue de France
75013 Paris

Édition établie sous la direction d'Anne Pouget
Conception graphique : Justine Dupré
Composition : Peter Vogelpoel
Dépôt légal : mars 2022
ISBN 978-2-7491-7339-9

PRÉFACE

Il y a 17 ans…

J'ai rencontré Stéphane chez un concessionnaire automobile où il officiait comme vendeur et d'emblée, j'avais été frappé par ce contact qu'il avait lui-même créé, un peu comme si nous étions de vieilles connaissances, voire de vieux amis, heureux de nous retrouver et de poursuivre une conversation dont j'ignorais le début, mais la façon dont il semblait vouloir embrasser le monde à toute force me donnait une furieuse envie d'en connaître la suite !

Il savait qui j'étais, mais à aucun moment je n'ai senti chez lui la volonté de se servir de ma notoriété pour en tirer un quelconque bénéfice. Non. Seul ce besoin de créer un lien humain, fraternel, qui, je l'ai appris plus tard, lui avait fait défaut la première partie de sa vie, motivait son choix d'être ainsi.

« Ce que tu donnes est à toi pour toujours. Personne, jamais, ne pourra te le reprendre. »

J'ai découvert au fil de notre relation qu'il a habité au 35, rue des Martyrs dans l'immeuble où, bien avant lui, j'ai moi-même vécu, deux étages plus haut, les vingt premières années de ma vie, imprégnées de la douceur et l'amour de mes parents.

J'ai donc ce sentiment étrange d'hériter d'un jeune frère puisque nos routes et nos racines semblent en partie communes, à cette différence près que ma jeunesse a été baignée dans le bonheur et que la sienne ressemble au pire des orphelinats !

À 11 ans, Stéphane comprend que son enfance attendra, il va devoir, d'abord, devenir un homme.

Ce qui le sauve du malheur, c'est sa formidable curiosité du « monde autour » et son indestructible conviction que si la vie le blesse, elle le construit, aussi.

Chez lui, pas de culture de la plainte, seulement une humilité et un orgueil (c'est une qualité !) qui ne sont pas contradictoires mais complémentaires.

De tous les métiers, et ils sont nombreux, auxquels il s'est essayé, parfois contraints, parfois choisis, même les plus modestes, aucun ne l'humilie, au contraire, tous sont utiles du moment qu'on y réussit par sa seule volonté !

Use it... Sers-toi de toi ! Cette règle majeure de l'Actors' Studio et que pratiquent une grande partie des acteurs américains que nous aimons, Stéphane (qui a aussi fait du théâtre) se l'applique à lui-même pour devenir Lui !

Au travers de ce livre témoignage, qui commence comme un mélodrame d'Eugène Sue et aboutit à une réussite exceptionnelle, Stéphane Manigold donne, et c'est précieux, un goût d'espoir à tous ceux auxquels la vie semble tourner le dos.

Ce n'est pas une leçon, c'est un cadeau.

Je lui souhaite aujourd'hui de se payer l'enfance qu'on lui a volée, même si c'est sur le tard : c'est encore meilleur.

Bien à toi, petit frère
Arditi

AVANT-PROPOS

En 2020, le monde s'arrête dans sa course, la pandémie liée au Covid frappe de plein fouet. Le 14 mars 2020, le président de la République ordonne la fermeture des cafés, des bars et des restaurants sur tout le territoire et confine chez elle la population. Je vais, comme tous, vivre une crise sans précédent.

Deux mois plus tard, le 22 mai 2020, le tribunal de commerce de Paris condamne l'assureur AXA France à me verser la somme de 45 000 euros au titre de la garantie « pertes d'exploitation » liée à la crise sanitaire. Ce montant représente deux mois de chiffre d'affaires sur l'un de mes quatre établissements[1]. À l'issue d'une lutte contre vents et marées – certains ont dit « contre des moulins à vent » –, je remporte une victoire digne de celle de David contre Goliath. Car de prime abord tout semblait perdu d'avance : face au puissant groupe AXA et à la pléiade d'avocats alignée pour défendre ses intérêts, je me présente seul à la barre avec Me Anaïs Sauvagnac, mon unique avocate. De quoi rappeler

1. Bistrot d'à côté Flaubert, Maison Rostang, Substance et Contraste.

que tout espoir reste permis et que rien n'est jamais couru d'avance en ce bas monde.

Cette décision sans précédent a une résonance mondiale et, grâce à mon action, d'autres entreprises aux quatre coins de la planète s'engouffrent dans la brèche et obtiennent à leur tour une indemnisation. Encore abasourdi par ce résultat inespéré, je vois mon nom prononcé dans toutes les langues et cité dans de nombreux journaux télévisés : en Chine, en Corée du Sud, en Afrique du Sud et j'en passe. Des articles de presse, parus dans des journaux internationaux, et non des moindres, s'emparent de ma victoire et la commentent.

Sans attendre, AXA annonce son intention de faire appel, comptant sûrement sur une autre interprétation de la loi par les magistrats. Pour moi, il convient alors de poursuivre le combat, de faire valoir mes droits et d'obtenir du groupe AXA qu'il assume ses devoirs.

Le 23 juin, à l'issue d'un nouveau bras de fer éprouvant, la compagnie d'assurances me propose un accord en abandonnant l'appel : indemniser les restaurateurs au cas par cas à condition pour les intéressés de renoncer à toute voie de recours (nous parlons ici de 258 400 établissements impactés : cafés, restaurants, hôtels, sur un total de 313 000 entreprises liées au tourisme[2]). Soulagé, je le suis ; car, au-delà de ma propre affaire, je remporte une victoire collective.

Le soir du 22 mai, les messages m'arrivent sans discontinuer comme des milliers de bravos. Je pourrais m'en

---

2. Données extraites des « Chiffres clés du tourisme », dans *Études Économiques*, Éditions DGE, 2018.

prévaloir pour flatter mon ego et me coucher sur mes lauriers. Au lieu de cela, je tiens à répondre personnellement à chacun. Cela semblera fou ou naïf de ma part que de prendre à cœur cette tâche, sachant que je vais y consacrer un temps déraisonnable, mais, à ce moment précis, je veux rendre honneur à tous les oubliés, les encourager dans leur combativité, restaurer leur espoir. Et j'y passe des heures et des heures mais, en le faisant, je ressens une sorte de plénitude, j'ai l'impression d'être en phase avec moi-même, avec ce que je crois, avec ce petit garçon des quartiers trimballé de foyer en foyer et dont le parcours m'a mené là où je suis. Quand on n'oublie pas d'où l'on vient, on sait toujours où l'on est et où l'on va… Car ma victoire n'est pas le résultat d'un parcours le long d'un sentier recouvert de pétales de roses, d'un enfant né avec une cuillère en argent dans la bouche ou baptisé au champagne. Loin de là.

1

La ZUP Les Coteaux

Je suis né le 28 janvier 1980 à Mulhouse, ville ouvrière dont l'usine Peugeot constitue le poumon puisqu'elle donne un emploi direct ou indirect à quelque 20 000 personnes. Le quartier où je grandis, la ZUP Les Coteaux, pourrait se décrire ainsi : une longue barre HLM, la plus longue d'Europe, constituée d'un alignement de clapiers et haute de douze étages; beaucoup de béton, peu d'espaces verts, moche l'été et triste l'hiver.

Nombre de cités arborent des noms de rues au charme bucolique : des Bleuets, des Coquelicots, des Acacias, des Marronniers. La ZUP Les Coteaux n'aligne que des noms d'auteurs ou de philosophes, même si la plupart de ses résidents doivent ignorer ce que peut bien avoir accompli Gustave Flaubert, ou Émile Zola, pour que son nom soit donné à une artère. Notre famille est logée au dixième étage du 60, rue Albert-Camus, celui-là même qui a écrit *La Peste.* C'est dire si je démarre sous de bons auspices!

À la maison, nous sommes sept : mon père, ma mère, mes trois frères, ma jeune sœur et moi. Notre appartement est à la fois grand et petit; grand, parce qu'il est doté de cinq pièces dont quatre chambres; petit, parce que ma mère n'étant pas une femme d'intérieur, c'est un capharnaüm sans nom, à l'image de la chambre du plus jeune de mes frères, qui ressemble à un débarras sans est et sans ouest, dans lequel Diogène y aurait perdu son latin, si je puis dire... Ironie du sort quand on sait que ma mère se présente comme étant femme de ménage! Résultat : nous n'amenons jamais personne chez nous, préférant sortir pour nous en éloigner autant que possible.

Mon père est balayeur de rue pour la ville de Mulhouse. Levé à l'aube, il va entretenir les trottoirs et ramasser les détritus. Les notions de « cité » ou « quartiers » véhiculent bien des poncifs. Aux Côteaux, nous sommes loin de ces formulations : il y a des Français et des étrangers, qui se côtoient sans communautarisme puisque nous sommes tous logés à la même enseigne. Nos vies se ressemblent : nos parents, quand ils ne sont pas au chômage, gagnent peu ou prou le même salaire de misère; nous portons les vêtements hérités de nos aînés, nous faisons nos courses dans les mêmes magasins ou au marché. Nous sommes copains sans nous demander mutuellement à quelle foi appartient l'autre. Quand on s'insulte, c'est sans haine raciale, c'est juste comme ça : un vocabulaire formaté, des mots entendus et répétés, parce qu'ils claquent, simplement pour se sentir plus fort. Une forme de vivre-ensemble pas toujours accompagnée de savoir-vivre, si je puis dire, puisque nous nous accommodons les uns des autres dans un brassage ethnique qui au fond ne dérange personne. Nous sommes tous égaux et tous solidaires, pour exemple cette anecdote : j'ai 6 ans ; comme il a abondamment neigé durant la nuit, je me donne à cœur joie de faire un bonhomme de neige devant l'immeuble, auquel j'ajoute, comme il se doit, une carotte en guise de nez. Je suis là à contempler béatement mon œuvre lorsque, soudain, un gaillard du quartier arrive et, sans crier gare, arrache la carotte à mon bonhomme et s'éloigne en courant. J'en suis encore à reprendre mes esprits lorsque je vois un autre grand s'élancer après lui et le rattraper : il lui donne une chiquenaude avant de récupérer la carotte pour venir me la rendre. L'incident est clos. On retient toujours les choses négatives des quartiers, on ne parle pas suffisamment des gens bien, qui accomplissent de belles actions. Pour ce qui me concerne, je retiens l'image d'un jeune du quartier qui a couru derrière un autre pour récupérer la carotte d'un enfant de CP et lui rendre son rêve.

Les enfants de mon âge sont répartis dans deux écoles primaires : Louis-Pergaud 1 et Louis-Pergaud 2. Moi, je suis à Louis-Pergaud 2. Encore un titre prometteur pour une cité puisque Louis Pergaud est l'auteur de *La Guerre des boutons*. Mon institutrice me marque d'entrée au fer rouge avec sa remarque dévastatrice sur le bulletin : « Mais que va-t-on faire de toi ? » Parce que je n'ai que des mauvaises notes, mais surtout parce qu'elle n'est pas capable de déceler le manque de repères des enfants en souffrance que nous sommes. Nous vivons dans un dénuement financier et affectif total, pour ne pas évoquer nos carences sociales et culturelles. Que faire devant l'ineptie d'un sujet de rédaction tel que « Raconte tes vacances » ou « Raconte ton Noël » ? Qu'écrire lorsqu'on n'est jamais parti en vacances et que l'on n'a pas de repas de réveillon décent, pas de cadeau sous le sapin parce qu'on n'a même pas de sapin ? On planche devant sa page blanche et l'on ne raconte rien, ou n'importe quoi. Comment expliquer qu'il est difficile, voire impossible, de faire ses devoirs dans le bruit, le désordre et la promiscuité ? Alors on récolte des notes décevantes, bonnet d'âne posé sur notre désespérance affective.

Le mot « précarité », appliqué à notre famille, n'est pas qu'une idée vague. Notre père a cumulé des dettes et nous sommes à découvert dès le 2 du mois. Quant à notre mère, elle est étrangère à tout sentiment maternel : outre l'appartement laissé à l'abandon, elle ne nous témoigne aucune affection, ne prend pas soin de nous et nous laisse livrés à nous-mêmes. Avons-nous besoin de linge de rechange ? Il nous faut fouiller dans les piles pour en extirper de quoi se vêtir. Avons-nous faim ? Il nous faut ouvrir le réfrigérateur pour composer avec ce que l'on y trouve – pas grand-chose – pour apaiser nos estomacs. Nous avons très vite appris à être indépendants, à nous débrouiller seuls : sortir une casserole, faire chauffer de l'eau, cuire des pâtes parce que notre mère ne prépare jamais rien, parce qu'elle ne sait pas cuisiner et n'en a tout simplement pas envie ! Par exemple, cette tentative qui témoigne on ne peut mieux de son art culinaire : contrainte un jour à préparer le repas, elle a sorti une boîte de petits pois du placard et l'a placée dans une casserole d'eau chaude, bain-marie version « ma mère » car elle n'a pas eu l'idée de l'ouvrir. Forcément, la boîte a fini par exploser et, telle une bombe à fragmentation, elle a projeté des petits pois tous azimuts. Sur le moment ça nous a fait rire mais il est clair qu'elle est incapable de faire cuire un œuf! Voilà ce qui nous oblige à nous débrouiller par nous-mêmes alors que nous ne sommes que des enfants sans cadre et sans surveillance. Que de bêtises durant cet apprentissage, que de casseroles brûlées, que d'eau bouillante renversée! Les dangers domestiques ne semblent même pas effleurer l'esprit de notre mère!

Les seules fois où nous mangeons sainement sont les jours où l'on va rendre visite à notre grand-mère paternelle, à Burnhaupt. Elle est agricultrice et nous sert de la vraie cuisine du terroir, du bio avant l'heure. Nous rentrons à Mulhouse avec un lapin dépouillé, ou un poulet, enveloppé dans un papier journal… Le bonheur? Pas vraiment, puisque le prix à payer est bien cruel : à chacune de nos visites, notre grand-mère demande à ma mère si nous avons été sages. Avec la générosité qui caractérise cette dernière, elle répond par la négative et nous voilà en un rien de temps enfermés dans l'enclos des oies. Évidemment, nul ne nous a précisé qu'il faut rester calmes et surtout ne pas courir faute de quoi on se fait pincer… Tout le contraire de ce que nous faisons. De retour aux Coteaux, nous reprenons nos vieilles habitudes : pâtes-pain-riz, riz-pain-pâtes. Et des œufs. Les œufs, c'est le couteau suisse de la cuisine du pauvre parce que vous improvisez dix plats différents avec ce seul ingrédient bon marché. À part ça, je pense que les marques William Saurin et Buitoni devraient nous décerner une médaille d'honneur parce que nous en avons beaucoup mangé, du cassoulet et des raviolis ! Je suis sûr que si nous avions gardé tout le métal des boîtes et qu'on l'avait étalé, nous aurions pu changer de carrosserie de voiture tous les six mois !

Il y a bien sûr la possibilité de déjeuner à la cantine, mais, mes parents étant de mauvais payeurs, nous en sommes exclus. Pendant la récréation, un étal tenu par un professeur offre aux élèves la possibilité d'acheter des croissants et des pains au chocolat. Pour moi, ce coin de préau est le supplice de Tantale ! Les mains dans les poches aussi vides que mon estomac, je contemple ces viennoiseries dodues et dorées avec une telle convoitise que j'en oublie d'aller jouer avec mes camarades. Lorsque la sonnerie de fin de récréation retentit, le professeur chargé de la vente brade les derniers pains et, sans doute apitoyé, il m'en offre souvent un. Ayant remarqué qu'il reste fréquemment des invendus, je me porte volontaire pour tenir le stand dans l'espoir d'en manger au moins un. C'est dire si la faim, dès le CP, m'apprend à être débrouillard.

Notre situation se dégrade irréparablement sans que nous, enfants, ne nous rendions compte de rien. Parce que nous avons l'habitude de vivre de cette manière, parce que nous pensons que c'est chose normale, parce que les disputes comme le ventre creux font partie de notre quotidien, parce que nous ne nous posons pas vraiment de questions sur les histoires des adultes, comme le fait d'héberger un travailleur issu de l'immigration, lequel partage notre chambre, à mon grand frère et moi…

Un jour, arrivé d'on ne sait où, un nouveau personnage entre dans notre vie et vient nous rendre visite tous les mercredis. Nous ne comprenons absolument pas pourquoi un inconnu que nous ne connaissons ni d'Ève ni d'Adam vient soudainement s'intéresser à notre vie, prendre de nos nouvelles. La discussion et les explications n'étant pas le fort de mes parents, nous apprendrons au fil du temps qu'il est éducateur. Il nous annonce que nous allons passer nos congés scolaires dans une colonie de vacances à la campagne : Le Chalet de Rimbach, près du Ballon de Guebwiller. Nous sommes heureux et ma première pensée est que je vais enfin pouvoir faire correctement mes rédactions et raconter de vrais souvenirs de vacances ! Ce que j'ignore encore, c'est qu'il s'agit d'un foyer pour enfants auquel on souhaite nous habituer, parce qu'on nous le prédestine.

Le jour J, nous voilà prêts à vivre une belle aventure. Sortant de l'autoroute, une chaussée mène à un rond-point recouvert de verdure, où se dresse une chapelle abritant l'Immaculée Conception ainsi qu'une fontaine. L'accompagnateur nous indique que lorsque nous arrivons à cet endroit, il reste cinq minutes avant d'atteindre Le Chalet.

Le lieu, en pleine nature, nous séduit. Nous sommes répartis par groupes selon la tranche d'âge, du nourrisson au majeur, dans des sections aux jolis noms d'animaux : les Goélands, les Éléphants, les Oursons, les Girafes… Nous y faisons ce premier séjour avec un bel appétit de tout, et surtout celui de la table. Nous y prenons de vrais petits-déjeuners, des déjeuners variés, avec des légumes, des salades, du poisson, des desserts, le tout préparé par des cuisinières qui nous font découvrir des goûts inconnus. Je fais également l'expérience de la convivialité d'un repas de réfectoire pris ensemble, assis autour d'une table. Rien que ça !

Les jeux de plein air nous ravissent tout autant, car Le Chalet est entouré de forêts épaisses, de chemins vicinaux, qui nous offrent l'opportunité de balades vivifiantes : j'affectionne tout particulièrement ces journées de quiétude, qui créent un lien avec la terre, et je découvre à quel point la nature apaise. L'air libre, le chant des oiseaux, les feuilles qui crissent sous vos pas à l'automne, l'odeur du pin me vident l'esprit et me remplissent de quiétude. Nous faisons de longues promenades dans la nature et, lorsque nous rentrons, épuisés, nous avons droit à un lait fraise. Le Chalet est accolé à Rimbach, village alsacien typique et paisible où nous nous sentons protégés de la violence des quartiers, mais aussi de notre cercle familial, qui devient invivable. Nous affectionnons particulièrement le « seau du cochon » : tout ce qui reste dans nos assiettes est gardé pour nourrir les cochons du village et c'est à nous d'aller le leur distribuer. C'est une vie qui a du sens, à des années-lumière de ce que j'ai connu jusqu'alors.

Assez rapidement, l'éducateur vient plus régulièrement chez nous. Je ne comprends pas les enjeux de cette intrusion de plus en plus soutenue, je ne me rends pas compte de la situation, qui périclite inexorablement, au point qu'un juge met notre famille sous tutelle. En attendant, nous passons toutes nos vacances scolaires au Chalet avec insouciance.

Un événement désastreux fait irréversiblement basculer nos vies, ma vie, un soir d'hiver. Nous sommes en novembre 1987, je viens d'entrer en CE1 ; mon grand frère et moi attendons le retour du travail de notre mère, pieds nus, en pyjama, dans la cage d'escalier et à notre étage. Nous entendons l'ascenseur monter, s'arrêter au palier du dessous. Tendant l'oreille, nous reconnaissons la voix étouffée de notre mère, puis celle de notre voisin, puis encore des baisers et des mots doux échangés. Après un bref moment de silence, ma mère monte précipitamment et, sans nous adresser un mot, elle entre dans notre appartement. Presque aussitôt, mon père en sort brusquement, furieux et tenant sa hache de service à bout de bras. (Pompier volontaire, mon père détient une hache, qu'il place hors de portée au-dessus de mon armoire. Enfin… « hors de portée » est un piètre euphémisme puisqu'un jour où mon grand frère et moi jouions à nous battre, j'avais donné un coup malencontreux à l'armoire et la hache avait atterri sur mon crâne, heureusement avec le plat de la lame, ce qui m'a laissé une marque indélébile pour me rappeler que ma vie, ce jour-là, a tenu à peu de chose.) Bref! Hache à la main, mon père dévale l'escalier, nous frôlant sans prêter attention à nous. Nos os se glacent et, n'osant nous aventurer plus loin, nous assistons au reste de la scène à travers les barreaux métalliques du garde-corps de l'escalier : notre père frappe furieusement à la porte du voisin, l'amant de notre mère. Personne n'ouvrant, il donne un violent coup de hache dans le battant.

Une porte claque à notre étage et nous relevons la tête : notre mère quitte l'appartement dans la précipitation. Elle s'engouffre dans l'ascenseur et descend directement au rez-de-chaussée sans rien dire. Mon frère et moi dévalons les escaliers aussi vite que nous le pouvons pour la rattraper.

Nous n'avons que le temps de voir notre mère disparaître derrière l'épaisse porte menant au sous-sol. Nous courons derrière elle en pleurant, en l'appelant, en lui demandant de nous expliquer ce qui se passe. Elle continue de marcher sans s'arrêter, nous ordonnant de rentrer. Refusant d'obtempérer, mon frère et moi continuons à courir derrière elle, en pyjama et les pieds nus. Au bout du sous-sol et du parking, une sortie mène à l'arrêt du bus. Lorsque ma mère ouvre cette porte, nous la poursuivons toujours avec nos questions baignées de pleurs. Mais, loin de nous écouter, elle ne manifeste aucune compassion maternelle. Enfin, mon frère et moi cessons de courir, parce qu'il neige et qu'il fait froid, parce que nous sommes pieds nus et en pyjama, claquant des dents, parce qu'elle ne nous entend plus. Comme dans un mauvais film, nous voyons notre mère s'éloigner sans un mot vers sa liberté, puis disparaître dans la nuit. Que vaut le cœur d'un enfant ? Que vaut sa détresse ? Au moins une explication, au moins un baiser, au moins un regard… En nous abandonnant ce soir-là, ma mère ne brise pas mon cœur, elle le piétine, le déchiquette de manière irréversible. Elle est partie sans un mot, sans se retourner, laissant cinq enfants à quai, dont le petit dernier n'est âgé que de 2 ans. Elle quitte à jamais mon cœur et quelles que soient ses raisons, pour moi, elle ne mérite aucune excuse.

Comme si cela n'était pas suffisant, lorsque mon frère et moi rentrons à la maison, l'âme et le cœur réduits en miettes, nous apprenons qu'entre-temps notre père, armé d'une clé en croix, est descendu fracasser le pare-brise de la voiture de l'amant. Qui a appelé la police ? Peu importe, le résultat étant que notre père est emmené et placé en garde à vue. Et nous, enfants perdus dans cette folie d'adultes, ne comprenant rien à rien, rentrons dans cet appartement en désordre qui, ce matin encore, laissait au moins présager une journée comme les autres…

Le lendemain, les services sociaux se présentent à notre porte pour nous signifier que le juge a prononcé le placement de la fratrie dans un foyer pour enfants. On nous fait préparer quelques affaires puis nous descendons, hagards, en compagnie de l'éducateur et de l'assistante sociale. Ils font monter mes frères et sœur dans le minibus, mais, arrivé à moi, l'éducateur m'arrête et claque la portière, me laissant planté là, muet et déboussolé sur le trottoir, ma valise à la main. Je regarde le véhicule s'éloigner, mes frères et sœur me faire des signes inquiets. On m'explique alors que mon parrain et ma marraine me prennent en charge et vont venir me chercher en voiture.

Je pars avec mon parrain le cœur en lambeaux. Sur le siège arrière, perdu comme un bouchon de liège dans un océan démonté, je pleure durant tout le trajet et me repasse en boucle la scène où ma mère nous abandonne sans un mot, sans un regard, sans un baiser… Pour la suivre dans la nuit glaciale, j'ai abandonné mon père à sa détresse et une hache à la main. Je voudrais me rassurer avec de bons souvenirs, mais j'ai beau éplucher ma mémoire, je n'en trouve aucun. Quand une mère n'aime pas ses enfants et les néglige comme elle nous a négligés, il n'y a qu'un vide abyssal. Curieusement, je pense à ce travailleur immigré qui partage notre chambre, je me demande bêtement ce qu'il va devenir. Est-il aussi l'amant de ma mère ? Je ne me suis jamais posé la question. Il dort chez nous et nous trouvons ça normal, parce que j'ai toujours vu des voisins dormir chez nous et nous allons dormir chez eux, c'est l'auberge espagnole version Les Coteaux. Une scène me revient en mémoire, ce jour où j'ai passé la nuit chez notre voisin. Couché sur mon lit de fortune, dans l'obscurité, j'ai entendu des bruits : les ébats amoureux entre ma mère et son amant. Un feu de poubelles, qui s'est propagé via les colonnes, a provoqué un incendie dans l'immeuble. De mon lit, j'ai entendu des avertissements, mais, pétrifié, parce qu'il ne me serait pas venu à l'idée d'aller déranger ma mère et son amant en pleine action, je n'ai pas osé bouger. La fumée arrivait à mes narines et je commençais à tousser. On m'a extirpé de la chambre, il fallait évacuer l'immeuble en urgence. Même là, où j'aurais pu mourir asphyxié, ma mère n'a pas eu un mot de compassion pour moi, trop absorbée par sa vie amoureuse.

Mes pensées ont le mérite d'occuper le trajet et nous arrivons à l'endroit où je vais vivre désormais : mon parrain, sapeur-pompier volontaire, se trouve être le concierge de l'école communale et, à ce titre, il bénéficie d'un logement de fonction au sein de l'établissement. Lui et sa femme sont plus âgés que mes parents, et la charité que j'ai naïvement accueillie comme un acte de générosité n'est en réalité qu'une obligation morale. Je ne l'apprendrai que bien plus tard, mon parrain avait fait signer un viager à ma grand-mère paternelle sur son lit de mort, escroquant délibérément mon père, le laissant privé d'héritage alors que nous avions tant besoin d'argent. Mon parrain doit se sentir redevable en m'accueillant chez lui.

Première surprise pour moi, qui ai toujours partagé ma chambre avec mon grand frère et le travailleur que nous logeons, j'ai une chambre avec un lit et un bureau rien que pour moi. En deux semaines, j'apprends la vie. Je mange à ma faim et je m'initie aux règles élémentaires d'hygiène : prendre une douche ou un bain, me brosser les dents, me laver, me changer tous les jours avec des vêtements propres, avoir des slips à ma taille, parce que jusqu'alors je portais toujours ceux de mes frères piochés dans la pile, forcément toujours ou trop grands ou trop petits. Je vais chez le médecin, le dentiste, qui m'arrache une molaire au passage parce que mon parrain ne veut pas payer des frais jugés inconsidérés. Côté décorum, mon parrain a une forte appétence (et c'est un euphémisme) pour la Seconde Guerre mondiale : il détient un véritable arsenal d'armes, de fusils et de mitraillettes, ne regarde que des films de guerre, écoute des chants allemands et possède un chien immense et terrifiant à mes yeux.

Je dîne à 18 heures et, à 19 h 15, je suis envoyé au lit. Je n'ai jamais été habitué à me coucher tôt, mes parents nous laissant livrés à nous-mêmes, et souvent nous allions dormir à minuit, voire 1 heure du matin. Résultat : je passe régulièrement mes débuts de nuit à compter les moutons. Je ne suis jamais admis à la table de mes hôtes : mon parrain et ma marraine déjeunent ou dînent dans la salle à manger, et moi dans la cuisine. J'ai quand même le privilège d'avoir un compagnon de tablée : Brutus, le dogue allemand. On le nourrit au Fidèle, pâtée qui dans la gamelle sent le rat mort. Lorsque le cabot la restitue généreusement dans la cour, je suis dévolu au ramassage à la pelle et à la balayette, corvée qui me soulève l'estomac.

Depuis que je vis sous le toit de mon parrain, je n'ai aucune nouvelle de mes parents et je n'en demande pas, tout simplement parce que je refuse d'aborder le sujet avec lui. La première fois qu'il m'accorde le droit suprême de les rejoindre pour regarder la télévision, il me faut peu de temps pour comprendre le but visé : mon parrain ne m'a pas fait venir par regain de générosité mais uniquement pour déverser son fiel et me rabâcher que ma mère est une « pute ». J'en prends mon parti et, les fois suivantes, je regarde la télévision en faisant mine de ne pas l'écouter pour qu'il se décourage et finisse par abandonner ses sarcasmes.

Lorsqu'ils reçoivent des invités, j'attends patiemment dans ma chambre qu'il m'appelle, le cœur et les poings serrés. Alors, je les rejoins dans le salon. Mon parrain me fait asseoir près d'eux et, après un silence lourd pour moi mais que je sens savoureux pour lui, il me demande : « Est-ce que tu sais ce que ta mère fait comme travail ? » Je réponds invariablement : « Elle est femme de ménage mais, aussi, elle va prendre des cafés avec des messieurs. » Réponse dont mon parrain se délecte avant de me lâcher, avec son rire gras, cette réplique devenue son antienne : « Ta mère est une pute. » Parfois ses invités rient sincèrement avec lui, parfois ils rient jaune, gênés. Je ne leur en veux pas, mais lui, je le maudis. Parce que je suis un enfant, que je ne sais pas expliquer les choses, parce que je ne peux pas exprimer que je souffre de ne pas avoir eu d'amour maternel et qu'il ne fait que remuer le couteau dans la plaie. Combien de fois ai-je pleuré en réclamant les bras de ma mère ? Combien de fois, le soir dans mon lit, ai-je prié avec ferveur ? Pour que ma vie redevienne comme avant, pour que ma mère soit là, pour que je me réveille de ce cauchemar. Mais tous les jours j'ouvre les yeux dans cette chambre, loin de ma famille. Petit à petit, moi qui ai fait ma communion solennelle, moi qui allais à la messe le dimanche, je comprends avec douleur que Dieu ne m'écoute pas.

Je vis mal la séparation d'avec mes frères et sœur. Malheureux, je décide de m'en ouvrir à mon éducateur pour avoir une perspective de retour aux Coteaux. La réponse est sans espoir : mon père n'est pas en mesure de nous récupérer, il a besoin de temps pour absorber ses dettes et stabiliser sa situation, encore trop précaire. Je demande à rejoindre mes frères et ma sœur au Chalet, mais cela est également impossible, mon parrain étant mon tuteur légal jusqu'au terme de notre prise en charge par les services sociaux. C'est dans ces conditions que, faisant contre mauvaise fortune bon cœur, je passe mon premier Noël chez mon parrain. Il a pour ami un commerçant qui tient une boutique de jouets et qui s'est pris de sympathie pour moi. Je ne crois pas qu'il ait des enfants, en tout cas je ne lui en ai jamais vu. Lorsqu'il vient rendre visite à mon parrain, sans doute attendri par mon histoire, il m'offre de beaux jouets. Grâce à sa générosité, je fête ce premier Noël avec des cadeaux extraordinaires, dont j'ai presque peur d'abîmer les emballages festifs. Comme il est également mandaté par la ville pour faire les feux d'artifice de fin d'année, il illumine mon Nouvel An comme une pluie d'étoiles. De la cour de l'école, je regarde, émerveillé, les explosions de gerbes multicolores dans le ciel de janvier.

Étant concierge de l'école, mon parrain connaît tous les enseignants et je lui accorde au moins l'initiative de m'avoir choisi la meilleure institutrice. Autre nouveauté pour moi, habitué aux classes turbulentes de ZUP, les élèves écoutent la maîtresse dans un calme presque inquiétant…

Ma première journée commence par de la poésie. Les bras croisés, j'écoute les élèves appelés au tableau pour réciter leurs vers du poème de Jacques Prévert « Les feuilles mortes » : Oh, je voudrais tant que tu te souviennes… L'institutrice clôt la séance en sollicitant un volontaire et, voyant que personne ne se désigne, je lève timidement le doigt. La maîtresse m'invite à déclamer la poésie. À l'issue, elle me félicite, m'interroge, pensant que je connais cette récitation pour l'avoir apprise dans mon ancienne école. À sa question, je réponds : « Ben là, à l'instant. » Dans son regard interloqué, je lis ma propre évidence : dans le calme d'une classe attentive j'ai mémorisé les vers après avoir simplement écouté les quatre élèves qui m'ont précédé. C'est mon premier « Très bien ». Je passe en peu de temps du statut : « Que va-t-on faire de toi ? » à « Très bien » !

Propulsé par cet encouragement, je deviens premier de la classe en moins de deux semaines et collectionne les « Très bien ». Je passe des cours perturbés de mon quartier des Coteaux à la découverte d'une école qui me captive. Je découvre le plaisir d'apprendre au point de devenir en quelques jours une éponge désireuse d'absorber le monde. Je suis fier de mes résultats scolaires et c'est avec un cœur vaillant que je présente mon carnet de notes à mon parrain. Il l'ouvre et le parcourt en silence avant de pointer le seul bémol au tableau d'honneur : « Trop bavard. Peux-tu te taire? » Je justifie cette remarque par le fait que si je parle trop, c'est parce que je veux toujours participer; j'insiste sur le reste du parcours sans faute, les éloges de ma maîtresse, les encouragements, qui sont l'essentiel de la notation. Mon monologue ne l'émeut pas et il jette le bulletin sur la table, me tire l'oreille comme s'il voulait me soulever de terre, me traîne ainsi jusqu'à la patère où pend le martinet. J'ai beau supplier, les coups tombent, les lanières me brûlent les mollets. Moi qui sais d'où je viens, moi qui sais pourquoi cette soif d'apprendre me rend si bavard en classe, je ne comprends pas pourquoi mon parrain me maltraite de la sorte, pas plus que je ne comprends son refus de signer mon bulletin assorti d'un « Va donc demander à ta pute de mère de le signer… » Affaire classée.

En dehors des heures d'école, et pendant les vacances scolaires, la cour de récréation est mon territoire; j'y ai tout l'espace pour jouer au ballon, m'exercer au tir à l'arc, m'inventer un décor et des histoires que j'interprète.

L'éducateur qui nous suit, mes frères et sœur et moi, passe régulièrement me voir. J'en profite toujours pour lui confier toute ma peine d'être séparé de ma famille et, surtout, la dureté avec laquelle mon parrain me traite. Certes, des visites sont organisées et mon père vient nous récupérer pour un temps familial, quelques heures ou un après-midi complet, mais, au lieu de combler le manque que nous avons les uns des autres ou de nous rapprocher, ces rencontres ont un effet pervers en rendant palpable le fossé qu'engendre cette trop longue séparation. Nous n'évoquons jamais nos peines, nous n'échangeons pas sur notre quotidien autrement que par le hasard d'une conversation. Les foyers ont cela de bien, ils protègent les enfants des dangers extérieurs. Revers de la médaille, chacun s'inscrit dans une nouvelle vie, adopte de nouvelles habitudes, ce qui fait que, le temps passant, nous ne tissons plus de souvenirs communs ; pire, à force de suivre des chemins différents, nous devenons des étrangers les uns pour les autres. Nous ne parlons jamais de notre abandon par notre mère ni ne la citons. Il est des blessures si profondes qu'un seul mot suffit à les raviver.

À force, je finis par avoir gain de cause et ma demande de rejoindre mes frères et sœur est acceptée. Avec tact pour ne pas froisser mon parrain, l'éducateur prépare le transfert, mettant en avant le regroupement de la fratrie pour raisons sociales et psychologiques, ou quelque chose comme ça. Qu'importe le motif évoqué, l'essentiel pour moi est de fuir d'ici. Mon parrain et ma marraine n'objectent pas trop, disant qu'ils adhèrent au projet de rapprochement familial, mais je reste persuadé que mon parrain est soulagé de se débarrasser de moi après avoir rempli sa mission. S'il savait à quel point je le lui rends bien…

Valise préparée, je fais mentalement mes adieux à Brutus, à ses pâtées de Fidèle et à ses crottes malodorantes. L'éducateur vient me chercher en voiture et je remercie poliment mes deux hôtes pour leur accueil si généreux, même si je n'en pense pas un mot. La portière claque, le moteur démarre et je suis délesté de ce fardeau. Bientôt la voiture emprunte ce chemin que je connais : la petite route qui mène au rond-point, la statue de la Vierge et la fontaine. Je sais qu'il reste cinq minutes avant d'arriver au Chalet.

2

Mon arrivée au foyer

Lorsque je passe l'entrée principale du Chalet, un malaise indéfinissable m'envahit. Nos venues en ce lieu étaient provisoires, nos séjours une parenthèse dans notre insupportable quotidien aux Coteaux, un moment d'apaisement où l'on se laissait porter par les adultes, et que nous quittions comme un lieu de villégiature... Ce sentiment m'abandonne tout à coup et, pour la première fois, je réalise que les lits où nous avons dormi sont ceux des enfants qui vivent là à l'année, ces « autres » que je ne connaissais pas parce que durant nos séjours en ce lieu ils étaient placés en familles d'accueil. En sortant de la voiture et en regardant le Chalet, je comprends que je suis devenu un « autre parmi les autres ». En voyant les visages fermés des pensionnaires, je réalise en une fraction de seconde que ce lieu est une jungle où règnent l'hostilité et la loi du plus fort et que la solidarité n'est pas inscrite au fronton.

Lorsque l'éducateur qui m'a accompagné me confie aux bons soins des animateurs du Chalet et me salue en me souhaitant le meilleur, j'ai envie de m'accrocher à lui pour le retenir, de remonter le temps, de faire machine arrière. De toutes mes forces, repartir avec lui. Mais je me tais. J'ai fait des pieds et des mains pour venir là, j'y suis, je ne peux m'en prendre qu'à moi-même. Il me faut aller de l'avant. Je demande à rejoindre mes frères et ma sœur, mais j'apprends que nous sommes répartis dans des groupes et des bâtiments différents. L'on me rassure : je les croiserai dans la cour ou lors d'activités communes et puis, je ne tarderai pas à me faire de nouveaux amis...

Je suis conduit dans un dortoir, une enfilade de vingt-six lits tous identiques, dans un espace qui n'offre aucune intimité. L'éducateur énonce le règlement, strict quant à la tenue des lieux, sa propreté, le respect des règles de vie commune, et pas de demi-mesure : si l'un de nous y contrevient, tout le groupe est puni. Puis il m'indique mon lit et l'armoire où je pourrai ranger mes affaires. Je fais la connaissance de mon voisin direct, François, qui a l'air d'être un champion des âneries. Extinction des feux.

En pleine nuit, j'ouvre un œil avec l'envie d'aller aux W.-C. mais n'ayant pas encore trouvé mes repères je réveille timidement François et lui demande où sont les toilettes. Il se redresse dans son lit et murmure : « Moi aussi j'ai envie de pisser ! » Il se lève et, alors que je m'apprête à lui emboîter le pas dans la pénombre, je le vois se soulager sur son matelas. Interloqué, je lui demande pourquoi il a fait ça dans son propre lit; il rit et me répond : « Parce que j'ai la flemme et que les W.-C. sont trop loin ! » Sans se démonter, il me propose de faire comme lui, arguant que « de toute manière le matelas est déjà mouillé, ça ne changera pas grand-chose ». Naïvement, je m'exécute. La vie en dortoir fait que le moindre bruit inhabituel réveille le voisin de chambrée, qui peste, ce qui réveille tout le monde par l'effet domino. Attiré par les éclats de voix, l'éducateur arrive avec son martinet et allume la lumière. Tout le dortoir est bon pour nettoyer le sol et sortir le matelas pour le mettre à sécher. François en est quitte pour finir sa nuit à même le sommier.

La présence de vingt-six enfants dans un espace commun force une promiscuité à laquelle je n'étais pas habitué et occasionne quelques désagréments ; les odeurs en font partie, notamment celles des pieds et, par ricochet, des chaussettes et des chaussures, surtout si le manque d'hygiène vient à passer par là. Avec la chance qui semble être allée voir ailleurs, mon autre voisin de chambrée souffre de ce mal. Il dépose ses chaussettes et ses chaussures macérées près de sa tête de lit, et donc de la mienne. Je reste poliment en apnée jusqu'à ce que, n'en pouvant plus et n'osant pas me plaindre, je décide de me coucher tête-bêche, ignorant que le réveil par l'éducateur se fait martinet en main, en frappant au hasard après avoir commencé par le premier lit. Manque de chance, le premier lit, c'est le mien. Premier matin au dortoir, premier coup de martinet et le visage lacéré par les lanières qui tombent sans me demander mon avis.

Avant la rentrée, nous avons droit à la « journée vêture », à savoir une sortie en minibus pour acheter des vêtements. Une bourse nous est attribuée, que nous pouvons dépenser soit avec l'éducatrice, soit avec notre père, à condition de bien acheter des vêtements pour l'école, les fournitures étant prises en charge par la coopérative scolaire.

L'école communale du village fonctionne par classes à double niveau ; en conséquence, je me retrouve avec mon frère : moi en CM1, lui en CM2. Les détracteurs de ce système mettent en avant la confusion que cela peut engendrer, l'instituteur faisant classe parallèlement à deux niveaux différents. Pour moi, c'est une révélation : je fais mes exercices tout en écoutant les leçons dispensées aux plus grands. Je progresse ainsi très vite. Les jours de contrôle, le maître présente les questions pour le CM1 sur un tableau et celles destinées au CM2 sur un autre. Je me concentre sur ma copie et, une fois celle-ci rendue, je m'évertue à faire les exercices des plus grands. Souvent je les finis haut la main avec, pour satisfaction, de bons résultats qui confortent mes progrès ; ceux-ci sont pourtant ternis par un handicap insurmontable : si je suis doué dans tout ce qui relève de l'oral, si je sais mémoriser un poème entendu quatre fois, j'ai de grosses difficultés à l'écrit, en raison d'un trouble visuel que personne n'a détecté. D'une part parce que mes parents ne m'ont jamais emmené chez un ophtalmo, trop cher et pas prioritaire pour eux, d'autre part parce qu'au moment des visites médicales scolaires, par honte, je déjoue le test de vision grâce à ma mémoire : je récite les lettres sur le panneau après avoir mémorisé ce qu'ont répondu les camarades passés avant moi. C'est ainsi que, ni vu ni connu, personne n'identifie la source de mon mal. Voilà pourquoi, un sens me faisant défaut, j'ai développé mon ouïe et ai compensé mon déficit visuel par l'écoute et la concentration.

Si mes parents en avaient eu les moyens, on aurait détecté le problème. Si l'on m'avait prescrit des lunettes, j'aurais été meilleur à l'écrit. Et qui sait ? Peut-être ma professeure de français n'aurait-elle jamais écrit ce terrible « Que va-t-on faire de toi ? » qui allait me coller bien longtemps à la peau ? Mais il est vrai qu'avec des « si » on mettrait l'océan tout entier en bouteille.

L'école est pour moi un moment privilégié parce que, le temps des cours, je me déconnecte mentalement de mes souffrances. Étudier m'empêche de penser à cette mère qui nous a abandonnés, aux visites qu'elle ne nous a jamais faites, à ma vie au foyer. Oublier que je ne vois que rarement mes frères et sœur, oublier que, quand c'est le cas, nous n'avons pas grand-chose à nous dire. L'école est une sorte de cocon, de ballon gonflé à l'hélium, dans lequel je me laisse volontiers flotter.

Pour le reste, je n'ai aucun bon moment en ce lieu. Le foyer, c'est la prison à petite échelle, avec la violence qui l'accompagne et le « chacun pour sa peau ». C'est le réservoir des frustrations et des colères non exprimées. Le foyer recueille des jeunes privés de l'essentiel dans leur vie d'avant : de nourriture, de jouets, de Noëls doux, de culture, de douceur, des chiens perdus sans collier qui n'ont ni figure maternelle stable, ni référence paternelle et qui manquent cruellement de choses basiques comme le simple luxe d'avoir une oreille à qui confier ses peines, ses espoirs ou ses rêves ; une main pour vous relever, vous tendre un mouchoir et essuyer vos larmes d'enfant. « Ne me secouez pas, je suis plein de larmes », a dit Henri Calet. Le foyer, c'est un creuset d'écorchés vifs qui pour ne plus souffrir se bardent d'une carapace, une armure dans laquelle ils enfouissent comme un fourre-tout leurs souffrances et leurs frustrations. Des jeunes sous pression, telle une cocotte-minute prête à exploser au moindre coup de feu, un peu comme la boîte de petits pois dans le bain-marie de ma mère. Des mômes en errance psychologique et affective, qui ne trouvent qu'un ersatz de chaleur auprès des éducatrices, parce que le règlement et l'éthique professionnelle les empêchent d'avoir trop de proximité avec les enfants.

Parmi ces blessés de la vie, il y a ceux qui se mettent à fumer pour se donner l'illusion de grandir plus vite, pour se donner de l'importance. Je n'ai jamais été attiré par ce vice, à force d'avoir vu tellement de gens tousser gras dès le réveil, tels des zombies aux dents noircies, qui vous empestent avec leur haleine caractéristique ou leurs doigts jaunis et qui me renvoient personnellement à la nausée ressentie lorsque mon parrain me mettait les mains sur le visage... Il y a ceux qui sniffent de la colle UHU liquide et qui passent à l'étape suivante, le cannabis, pour encore monter d'un cran et finir avec une seringue dans le bras. Des jeunes drogués, que je côtoyais déjà dans mon quartier, je les retrouve au foyer et ils ont le mérite d'être un vaccin pour moi. Quelque part, je leur dois de n'avoir jamais voulu leur ressembler, de n'avoir jamais été tenté ni par la cigarette, ni par les stupéfiants. Mon refuge depuis l'enfance ? La religion. Croyant, je prie beaucoup, pour implorer Dieu de nous venir en aide, nous soutenir, faire un miracle... Égrenant mon chapelet, j'en réfère en seconde instance à la Vierge Marie, me disant qu'une mère aimante comme elle ne peut me laisser en errance et interférera auprès de son Fils. Mais force est de constater qu'elle non plus ne m'entend pas.

Les enfants qui comme moi se retrouvent en foyer ne peuvent pas comprendre l'abandon. C'est au-dessus de leurs forces d'imaginer qu'une mère puisse s'en aller un beau jour sans prévenir et sans se retourner. Qu'elle soit capable de déposer un couffin sur le seuil d'une église ou d'une institution et s'éloigner sans être sensible aux pleurs du bébé qu'elle a porté dans son sein durant neuf mois. Un abandon, qu'il se fasse sur le seuil d'un foyer, le parvis d'une église, la tour d'abandon d'un hospice ou un soir d'hiver dans la neige, revêt la même forme de violence. Ironie du sort, lorsque Vincent de Paul crée ce type d'hospices, en 1638, au lieu de les nommer « hospices des enfants abandonnés », on les baptise « hôpitaux des enfants trouvés »... Doux euphémisme ! À choisir, au terme bien français de ces « tours d'abandon » je préfère le *culla per la vita* italien : un « berceau pour la vie ». L'expression est plus positive parce que, tout bêtement, elle laisse au moins imaginer l'ombre d'un visage aimant penché sur le berceau. Lorsqu'on est au fond du puits, on s'accroche à la moindre lueur d'espoir ! Même si, au final, le résultat est le même.

Dans un foyer on ne se fait aucun ami. Parce qu'on ne peut compter que sur soi-même, parce que l'on n'ose pas se plaindre, parce qu'on ne peut confier ses rêves, ce qui équivaudrait à dévoiler ses faiblesses. Pour se prémunir des quolibets. Pour éviter d'être traité de pédé, de fiote, de fifils pleurnichard, de balance, par peur de devenir la tête de Turc par excellence. Alors, ce qu'on y endure, on le tait pour ne pas le payer encore plus cher. C'est ainsi que, dans le silence, je subis des moqueries, des violences physiques de la part des plus grands, et des violences sexuelles infligées par des filles qui n'ont rien à envier aux garçons... Fabienne et sa sœur Ariane abusent sexuellement de moi, me menacent après m'avoir laissé sur le carreau. Imprimant sa pointure « 47 fillette » sur ma poitrine, Fabienne me prévient : « Si tu parles, je t'étouffe avec mon pied. » Par peur et par honte, comme toutes les victimes de ces violences, je me tais. Je suis en colère : pour ça, mais aussi parce que j'en veux à tous ceux qui se doutent, qui savent ou qui voient et qui ferment les yeux; contre le système fait d'adultes, censé nous protéger mais qui laisse courir. Voilà pourquoi nous n'avons pas d'amis, voilà pourquoi l'omerta est de mise et que nous vivons chacun dans notre coin.

Je trouve une échappatoire pour me sortir quelques heures de cet enfer : mon frère aîné étant servant de messe à l'église paroissiale, je veux le rejoindre. Pour cela, il me faut demander l'autorisation à mon éducatrice de devenir enfant de chœur. Ce que je me hâte de faire et, une fois le consentement du foyer obtenu, je m'adresse au curé; je mets bien sûr en avant mon CV de bon chrétien, mon assiduité à la messe lorsque je vivais chez mes parents, omettant de préciser que ma seule motivation était d'échapper une heure ou deux à la tristesse de notre lieu de vie.

Me voilà servant de messe avec mon frère; lui tient la coupelle au moment de la communion, moi je suis chargé de la quête, tâche agréable en ce qu'elle me donne l'impression de collecter des fonds pour une noble cause. Pour nous remercier de nos bons offices au service de la foi, le curé nous offre une sortie annuelle à Europa Park, un grand complexe d'attractions en Allemagne.

3

Retour à la ZUP

Je passe deux années entre les murs du foyer, jusqu'au jour où notre mère reparaît comme elle est partie : du jour au lendemain. Oh ! pas par amour ou par manque de nous, non ! La vérité est que son amant ayant fini SDF, elle rentre au bercail. Mon père n'ayant pas pu nous reprendre jusque-là, ils font semblant de se remettre ensemble. Pour le juge, pour les apparences, pour le dossier social, mais pas avec sincérité. Elle n'est jamais venue nous voir au foyer, pas même le jour de notre départ, ne nous fournit aucune explication ni ne s'excuse. Elle revient, c'est tout. Je ne lui pardonne pas, je ne lui pardonnerai jamais. La seule chose positive pour moi est que sa réapparition nous permet de quitter le foyer…

Nous retrouvons notre appartement de la ZUP des Coteaux, dixième étage, au 60, rue Albert Camus. C'est toujours aussi triste, aussi moche, mais au moins c'est chez nous. On se contente de peu quand on n'a rien. Je retourne à l'école Louis-Pergaud, je suis en CM2.

Nous savons que rien ne sera facile et ainsi, dès notre retour, mes frères, ma sœur et moi-même tenons conseil ; comme notre famille est toujours sous tutelle, que les services sociaux vont nous surveiller comme du lait sur le feu, nous décidons qu'à la vie à la mort, motus et bouche cousue, nous ferons tout ce qui est en notre pouvoir pour ne jamais remettre les pieds au Chalet. Ainsi, lors des visites de l'éducateur ou des services sociaux, lorsqu'on nous interroge, nous déjouons tous les pièges et nous mentons. Ma mère étant toujours aussi peu motivée à la tenue d'un intérieur, mon frère et moi rangeons l'appartement et notre chambre les jours de visite des acteurs de la tutelle. Lorsqu'on nous interroge sur ce troisième lit occupé dans notre chambre, nous répondons que c'est un lit d'ami, et qu'un copain de mon frère dort souvent là. Cet homme chez nous, je ne souhaite pas savoir qui il est réellement parce qu'au fond de moi j'ai la réponse. Mon père ferme les yeux sur ça aussi, en tout cas il ne dit jamais rien sur le sujet.

Côté finances, notre situation reste précaire ; certes, la tutelle nous fait bénéficier de bons alimentaires pour un montant de 400 francs[3] par mois sur lesquels est spécifié : « Aliments. Pas d'alcool, pas d'électronique ». Heureusement pour nous, notre « ami de passage » fait sa propre cuisine et s'assume financièrement ; mais cela reste insuffisant pour nourrir une famille de sept personnes. La monnaie n'étant pas rendue sur le bon d'achat il est impératif d'acheter au centime près, pour 400 francs et non 397,33 francs. Le salaire

3. Environ 50 euros.

de mon père part en fumée vu les dettes accumulées. En plus des échéanciers de remboursements, l'entretien de la Lada est un gouffre : assurance, essence, crédit, pannes à répétition. Si d'aucuns disent que leurs fins de mois sont difficiles, pour nous, c'est déjà l'impasse dès le 2. Pour couronner le tout, mon père s'est fourvoyé dans un imbroglio digne d'une comédie de boulevard : malgré nos finances désastreuses, il a la bonne idée de se porter caution pour l'un de ses collègues de travail, oubliant sans doute au passage que Gilles, un ami, s'était porté antérieurement caution pour lui. Gilles n'avait jamais été remboursé et avait fini par être saisi. Lorsque Gilles apprend que mon père s'est porté caution pour ce collègue, il se présente à notre porte et les deux hommes en viennent aux mains, scellant ainsi la fin de leur amitié[4].

Malgré nos finances dignes du tonneau des Danaïdes, nous réussissons l'exploit, le jour de la visite de l'éducateur, de lui présenter un réfrigérateur plein. Ce « miracle », bien que peu orthodoxe, est de mon fait : deux jours avant la visite de notre référent nous devons faire les courses, mais il ne reste à mon père que 3 francs en poche, à peine de quoi payer une brique de lait. Accompagné de ma sœur, je me rends au supermarché où nous faisons habituellement nos courses. Figé devant le rayon laitages, j'ai beau aligner tous les algorithmes, le résultat est sans appel : 3 francs, c'est trop peu pour acheter deux briques de lait, et un litre est insuffisant pour une famille de sept personnes. Nous passons à la

4. Précisons qu'à ce moment la Commission de surendettement des particuliers n'existe pas (création de la loi Neiertz, le 31 décembre 1989).

caisse pour régler notre achat et nous sortons. C'est à l'extérieur que me vient une idée dont je ne suis pas fier mais, la fin comme la faim justifiant les moyens... Je demande à ma sœur de m'attendre et retourne dans le magasin avec le ticket de caisse mais sans la brique de lait. Je fonce au même rayon, m'empare d'une brique identique et repasse par la même caisse. Mensonge en bouche, j'explique poliment : « Madame, j'étais avec ma sœur mais je l'ai perdue » avant d'ajouter, après un regard vers l'extérieur « Ah ! Je la vois, elle est dehors ! » Je montre ma brique de lait, exhibe mon ticket de caisse en disant : « Je l'ai déjà payée. » La caissière me laisse passer avec un simple : « Oui, c'est bon, je me souviens de toi. » Le feu aux joues je m'éloigne, à la fois honteux et soulagé d'avoir réussi cet acte de bravoure : fournir assez de lait pour tout le monde.

Cet épisode tourne dans ma tête et, nécessité faisant loi, une autre idée aussi peu glorieuse me vient à l'esprit... Le lendemain, je rôde près du magasin et ramasse des tickets de caisse que les clients jettent une fois leurs courses effectuées. J'en choisis un avec une liste assez longue, dont la date et l'heure correspondent le mieux à l'instant. J'entre avec un chariot, je le remplis rapidement avec exactement les mêmes courses que celles énumérées sur le ticket.

Mon caddie plein, je lorgne les caisses et jette mon dévolu sur la dame la plus âgée. Poussant mon chariot, et prenant un air d'enfant égaré, je passe volontairement devant le tapis, présente mon ticket de caisse et demande : « Je cherche ma mère, je me suis perdu, je ne sais pas où elle est, vous pouvez faire un appel par le micro ? On a déjà payé ! » Confiante, la caissière ne contrôle que quelques articles, et ceux qui dépassent du chariot correspondent au ticket. L'appel au micro lancé, j'indique à la caissière que je vais attendre ma mère dehors, près de l'entrée, ce sera plus simple pour elle de me localiser. Remerciant poliment, je file avec mes courses sans courir et sans me retourner. Voilà comment je rentre chez moi et comment nous remplissons le réfrigérateur. L'éducateur peut constater que nous utilisons les bons d'achat à bon escient, que nous mangeons équilibré et que notre situation n'est pas préoccupante.

Mon exploit du jour impressionne mes frères et ma sœur, et la question de le réitérer se pose. Mal à l'aise, je reste peu rassuré par cette perspective. Le repas du soir, inédit et copieux, finit de nous convaincre que, s'il faut choisir entre la peste et le choléra… Voilà comment l'option de l'escobarderie s'impose à nous. Toujours miné par mon éducation catholique, je glisse des circonstances atténuantes dans mes prières : je ne vole pas, je nourris ma famille. Ce que je fais est mal, mais ce n'est ni par amusement, ni par méchanceté : uniquement pour manger à notre faim et ne pas retourner au foyer.

Mes « opérations caddie » sont réservées aux veilles de la visite de l'éducateur. Le reste du temps, nous en revenons à notre quotidien : des œufs aux pâtes et des pâtes aux œufs. Les tickets de caisse nous permettent de goûter à des aliments que nous n'aurions jamais achetés en temps ordinaire, de créer des plats selon le hasard des caddies. Quand on a les moyens, on peut être inventif ! Cette manne improvisée me donne l'occasion de faire mes premiers pas de chef. Ma spécialité ? Je fends des saucisses de Strasbourg dans le sens de la longueur, j'y étale du fromage, je barde le tout de lard et je dépose notre festin dans un plat allant au four. Nappées de crème, saupoudrées de fromage, quinze minutes; le temps de cuire des pâtes en accompagnement... quel régal!

Comme si Dieu me surveillait d'un œil mécontent pour me rappeler que la géhenne n'est pas une idée vague, cette épopée culinaire prend fin grâce à ma mère, ou à cause d'elle, lorsqu'elle décide un jour de m'accompagner. La connaissant, aussi discrète qu'un chapeau à plumes dans un cinéma, je refuse, lui expliquant que mon stratagème ne peut fonctionner que si elle n'est pas là, l'astuce reposant précisément sur le fait que je la cherche. Je souligne également qu'à force j'ai peut-être été repéré. Mais ma mère, aussi butée qu'une borne kilométrique, ne veut rien entendre et me suggère d'y aller tard le soir, à la fermeture, car selon elle les caissières sont fatiguées en fin de journée et sont moins attentives. De guerre lasse, je finis par céder, miné toutefois par un mauvais pressentiment.

Nous voilà à pousser le chariot dans un magasin quasi désert, le soir, à l'heure de la fermeture. L'œil aux aguets, je surveille nos arrières, repère le vigile qui observe ma mère, dont la retenue n'est pas la qualité première. L'homme fait signe à un responsable, qui le rejoint. Comprenant que nous sommes leur point de mire, je préviens discrètement ma mère, la supplie de partir en rasant les rayons, mais elle refuse et me dispute le caddie. Nous voilà devenus aussi repérables qu'un yacht empalé sur la flèche d'une église! Je réussis à prendre les commandes du chariot, me dirige vers une caisse libre, pose les premiers articles sur le tapis roulant. Je baisse les yeux, honteux. La caissière dévisage ma mère tandis que le responsable nous rejoint. Scène d'humiliation suprême, il nous met à la porte avec ordre de ne plus nous présenter dans son magasin. *Acta est fabula. Ite missa est* ! Grâce à l'intervention désastreuse de ma mère, nous déposons définitivement la corne d'abondance sur le tapis roulant de la caisse du Suma pour en revenir aux menus riz-pâtes-œufs, au cassoulet et aux raviolis en boîte. Ma mère, pour qui « tout va bien quand tout va mal », vient de tuer une fois encore la faible lueur de joie et d'espoir dans nos vies. Non seulement elle nous a fait perdre la chance de nourrir notre famille à sa faim, non seulement elle nous condamne à l'interdiction de supermarché, mais en prime elle nous plonge dans la honte.

Heureusement, j'ai pris goût à l'école et, malgré tous ces déboires, j'ai énormément progressé. À la prochaine rentrée, je passe en 6e au collège Jean-Macé et suis admis en classe bilingue (anglais, allemand). Pour l'heure, c'est l'été et je suis aux anges, car, pour la première fois de ma vie, je pars en « vraies » vacances, je veux dire ailleurs qu'au foyer. La fille de ma marraine m'a proposé de l'accompagner dans un camping du Cap d'Agde et j'ai sauté sur l'occasion, trop heureux de m'éloigner des Coteaux, et aussi de découvrir la mer. J'aimerais me souvenir de ces bons moments, où je baigne dans une ambiance conviviale, si le choc du retour à la ZUP ne les avait pas balayés d'un souffle brutal…

Bronzé, détendu, ma valise à la main, je reste sur le seuil de notre appartement. Ce désordre est suspect, ce n'est pas celui de ma mère ! Incrédule, j'avance comme sur un terrain miné, de pièce en pièce : tout est dévasté, les meubles sont démontés ou cassés, nos vêtements entassés dans des sacs-poubelle. Par mon frère, j'apprends que nous sommes expulsés sur ordre de la Ville. Les services de nettoyage de la mairie m'interdisent d'aller récupérer les sacs contenant les vêtements : amoncelés dans un appartement insalubre, ils ont moisi et sentent mauvais, il faut les mettre à la benne. Je passe du rêve au cauchemar. Trouver son logement ravagé, être expulsé *manu militari* est une épreuve que seuls ceux qui l'ont vécue peuvent comprendre. On vous casse le peu de choses que vous possédiez, on décide de jeter vos vêtements sans que vous puissiez vous y opposer… Vous n'aviez pas grand-chose et là vous n'avez plus rien. Vous n'êtes plus rien qu'un objet qu'on dépouille et qu'on déplace, encore… Je n'ai plus rien, je ne suis plus personne.

Mon parrain, qui comme ma mère trouve toujours le mot juste pour vous remonter le moral, m'assène avec ironie : « Vous avez fini par être expulsés. Vous allez vivre dans un super quartier maintenant, qui s'appelle le nouveau Drouot. Vous quittez de l'ancien pour du nouveau, quelle promotion ! » Tout se bouscule dans ma tête. Hier encore c'était le bonheur, la plage, le camping. Aujourd'hui je suis à la rue, je dois quitter notre appartement sans l'avoir envisagé, sans y avoir été préparé. Nous sommes en effet relogés par les services sociaux au quatrième étage de la rue de la Navigation, dans le nouveau Drouot… Comme si cela ne suffisait pas, nous perdons également notre mère lors du déménagement, partie dans une nouvelle aventure amoureuse, nous abandonnant à notre triste sort…

4

Le nouveau Drouot

Au nouveau Drouot, le temps d'une insouciance peu ou prou illusoire est résolument terminé. L'appartement qui nous est affecté est plus insalubre que celui d'où l'on vient, qui n'était déjà pas glorieux. Nous n'avons plus rien, ou pas grand-chose. Je grandis, mes vêtements ont pourri dans les sacs et nous ne bénéficions plus de la « prime vêture » du foyer ; voler des caddies n'est plus envisageable. Vivant avec ce que la vie nous donne, mon frère et moi décidons de nous recréer un espace pour dormir. Nous récupérons un vieux téléviseur mis à la décharge et parvenons à le réparer. Avec un cintre en guise d'antenne, nous captons plutôt bien les chaînes. Quand on ne possède rien, quand on a tout perdu, un simple matelas, un téléviseur, c'est le grand luxe, un souffle de liberté. L'hiver approchant, nous nous chauffons à l'aide d'un poêle à mazout ; lorsque mon père l'allume, j'ai toujours l'impression que l'immeuble entier va exploser.

Ma vie dans ce quartier n'a rien à voir avec celle que j'ai connue jusqu'alors. Ce n'est plus la même jungle, ni les mêmes jeux. À côté des familles paisibles, qui n'ont d'autre choix que de loger là, il y vit toute une faune de caïds. Les caves sont le temple de tous les trafics, les cages d'escalier des zones de non-droit. La violence rôde partout, gangrenant les quartiers. Face à nous, faisant encore partie de l'ancien Drouot, la rue de la Thur, d'une laideur déconcertante avec sa barre d'immeubles insalubres. L'église, jouxtée par un terrain de foot, sépare l'ancien Drouot du nouveau ; plus loin, une caserne donne lieu à des batailles rangées entre les militaires et des réfractaires à leur présence en cet endroit, des affrontements à ce point violents que la police n'ose pas intervenir. À l'automne, ces désœuvrés ramassent les marrons et les jettent en direction des fenêtres de la caserne dans le seul but de casser les vitres…

Je découvre les premières bombes artisanales « *made in* quartier » : les jeunes volent des vélos dont ils scient les cadres pour obtenir des barres ; ils en obturent un bout en le pinçant, puis remplissent ce tube d'un mélange de sucre, de soufre et de sel. Après y avoir inséré une mèche, ils ferment l'autre extrémité à coups de marteau, dont ils prennent soin d'envelopper la tête d'un torchon mouillé pour éviter l'étincelle. Puis ils enfoncent ces barres à la verticale dans la pelouse du terrain de foot et allument la mèche. Le tube, en explosant, se décompose en éclats de métal, dont la dispersion provoque des dommages terribles. Ne voulant pas être en reste, les délinquants de Modenheim, un autre quartier, cherchent à les imiter, à un détail près : ils négligent d'enrouler un chiffon mouillé autour de la tête du marteau. L'étincelle provoquée par les frictions du métal contre le métal met le feu aux poudres, la barre explose, arrachant des mains et des bras au sein du petit groupe. Comble de la bêtise humaine, au lieu de s'en émouvoir et de mesurer le danger à utiliser de telles bombes artisanales, les jeunes décervelés de mon quartier sautent de joie, estimant fièrement qu'ils sont « copiés mais pas égalés »…

Je grandis au sein de cette jeunesse sans repères, qui s'affirme par les coups et la violence. Parfois, les pressions et les menaces sont telles qu'elles mènent au suicide. Parmi ceux qui en sont arrivés là, il y a Guy de l'ancien Drouot. Guy, qui se débrouille bien à la guitare. Mais il passe son temps avec son ami surnommé « 6.8 » par un jeu de chiffres entre 68, le numéro de département de Mulhouse, et 8.6, la marque de bière nommée ainsi en raison de son taux d'alcool. Un jour, Guy décide de boire beaucoup de 8.6, puis il ouvre le gaz et allume une dernière cigarette. L'immeuble est soufflé sur trois étages. Lorsque les pompiers le retrouvent, sa guitare est soudée à son corps. J'ai presque envie de dire, défaitiste : c'est comme ça dans les quartiers, c'est presque notre quotidien. Et nous, impuissants, de nous interroger : quelle sera la prochaine étape ? Pour l'heure, j'essaie de négocier ma paix comme celle de mes frères et sœur. Chance inouïe, mon frère aîné, bon joueur de foot, est apprécié et respecté, ce qui m'apporte une certaine immunité. Mais j'ai bien conscience que tout cela est très fragile. Comme les autres, je marche sur le fil du rasoir en me demandant de quel côté je vais tomber. Peu à peu je réalise que ma seule issue est la fuite…

5

Onze ans : je commence à travailler

Comment quitter l'enfer quand on n'en connaît pas le portier? Je retourne la question dans ma tête et en viens à la conviction que ma seule issue est mon parrain. Non pas que je souhaite repartir vivre chez lui, mais je compte surtout sur ses relations, notamment les forains qu'il connaît en qualité de pompier volontaire. La fête annuelle démarre chaque année le 15 juillet pour finir le 15 août. Je subis en silence les remarques acerbes de mon parrain sur ma situation, mes parents, sur ma mère, puisqu'il accepte de me déposer au moment où les camions commencent à investir le grand parc où seront montées les attractions. Il me présente quelques forains et, chance inouïe, l'un d'eux accepte de m'embaucher pour ramasser les tickets de son manège. Mon père, criblé de dettes avec cinq enfants à charge, ne manifeste aucune opposition à mon projet. C'est ainsi qu'à l'âge de 11 ans je commence à travailler à la fête foraine de Mulhouse.

Mon travail me plaît d'emblée : outre le côté festif, je gagne 50 francs[5] par jour de présence, pactole qui me permet

5. Environ 10 euros.

d'aider ma fratrie. Je suis accueilli par les forains avec une bienveillance qui m'était jusqu'alors inconnue, ils me font découvrir une nouvelle forme de famille, celle du cœur. Ils me respectent et je leur rends la pareille en m'appliquant à ma tâche et en ne profitant jamais de leur générosité : j'ai l'autorisation d'aller sur tous les manèges grâce à des tickets d'accès, mais je n'en abuse en aucun cas; lorsqu'on me donne une ou deux poignées de pièces pour les machines à sous et les jeux vidéo, je pourrais conserver celles qu'il me reste, mais je mets un point d'honneur à toutes les restituer. Parce que les forains ont le cœur sur la main, parce qu'ils m'accordent leur confiance, parce qu'ils me permettent de nourrir ma famille, je ne spécule jamais.

Après cette belle parenthèse d'été, la foire démonte ses attractions à la mi-août pour aller offrir du rêve ailleurs. Je viens y flâner, propose mon aide là où elle peut s'avérer utile, moyen pour moi de prolonger encore un peu l'illusion du bonheur. Les manèges démantelés disparaissent progressivement dans les camions avec mes rêves puis vient l'heure des adieux… On s'embrasse, les portières claquent et le convoi s'ébranle, me laissant seul à quai, le cœur lourd comme une enclume. Que vais-je faire de mes journées en attendant fébrilement le 15 juillet de l'année prochaine ?

J'ai peu de choses à raconter sur l'année qui s'écoule sinon le quotidien retrouvé : l'école, les problèmes d'argent, toujours et encore, encore et toujours, la monnaie que l'on compte et recompte dans le creux de sa main pour acheter une baguette, une brique de lait; un appartement en désordre, toujours sans ma mère, une vie de combat dans la jungle de ma ZUP. La routine, en voyant s'écouler l'automne, puis l'hiver, puis encore un printemps en attendant le retour de la fête foraine. À partir du 10 juillet, je passe mon temps en allers-retours jusqu'à la place et, telle la fiancée qui, plantée sur la grève, guette chaque jour le navire de son bien-aimé, je surveille fébrilement l'arrivée des camions. Lorsque le convoi apparaît, enfin…

J'ai 12 ans et cette année j'aide au montage des manèges, même si je n'ai pas la force physique de Johnny, le patron de la chenille Alaska. C'est un forain de pure souche, qui aligne 120 ou 130 kg et soulève avec une aisance impressionnante les poutres de charpente que l'on installe avant de monter le manège. Les pièces lourdes de la structure métallique, c'est encore lui qui les porte. J'observe son travail en lui passant les outils et il m'explique étape par étape le montage de l'attraction, qui dure trois ou quatre jours. Sa femme, très gentille avec moi, veille à ce que je ne meure ni de faim, ni de soif. Puis vient l'étape des décors, le réglage du son… J'ai grandi d'un an, j'ai pris de l'assurance et du manège d'enfant je passe à la chenille Alaska. La musique, les lumières et la vitesse correspondent bien à mon âge : j'ai envie de vivre, de m'envoler… Je m'enhardis, saute de la chenille en marche, ça impressionne les filles.

Détail non négligeable, je suis passé d'un salaire de 50 à 100 francs par jour et je m'offre un vélo d'occasion pour venir travailler, un VTT qui plaît à Serge, le responsable du stand de tir. Parmi les lots, j'ai repéré un poste de radio que je rêve de gagner ; je bavarde avec lui, lui confiant que mon parrain m'a donné quelques leçons en la matière et que dans la cour de l'école je tirais à l'arc et parfois au fusil. De fil en aiguille, il me demande si j'aimerais tenter ma chance et, comme je n'ai pas assez d'argent et qu'il s'intéresse à mon vélo, je finis par le parier contre 200 plombs. Serge me tend la carabine et je commence. J'ignore l'astuce, le tour de passe-passe qui fait que la cible n'est jamais atteinte et, malgré mon acharnement, je perds. Je lui cède mon VTT, l'âme en peine et le profil bas.

Me disant que l'on peut tirer des leçons même de ses défaites, je demande à Serge de m'apprendre les ficelles de cette animation et le convaincs de m'embaucher. Il accepte. Mon travail consiste à remplir les barillets de plombs, à classer les chargeurs par couleurs selon le nombre de coups. La tâche étant conséquente, j'en parle à deux copains et leur propose de venir se faire un peu d'argent de poche. Convaincus, ils me rejoignent et nous œuvrons à trois sur le stand.

Leur motivation n'étant pas la mienne, et vite ennuyés par la répétitivité de la tâche, ils m'annoncent au bout d'une semaine vouloir arrêter. Je vais en parler à Serge, qui refuse de les payer au motif qu'ils ne tiennent pas leur engagement. Je négocie, défends leur cause et, comme Serge fait la sourde oreille, je lui pose un ultimatum : s'il ne les paie pas, je quitte moi aussi le stand. Ma menace ne semble pas l'émouvoir puisqu'il me met au défi de le faire et, ne pouvant me dédire, me voilà contraint de partir. Je réclame mon salaire pour les dix jours de travail, mais Serge refuse, estimant que je vaux autant que les deux autres. J'enrage, parce que cet argent j'en ai besoin et que je me sens responsable du sort de mes copains, dans la mesure où c'est moi qui les ai convaincus.

Je rumine ma colère jusqu'à ce que Serge m'interpelle dans la journée et me remette mon salaire ainsi que celui de mes amis sans autre commentaire. Il ne manque pas un centime ! Cerise sur le gâteau, Serge me réembauche et je suis aux anges.

6

Le Luxembourg

Je n'ai rien de notable à raconter sur l'année qui s'écoule, au risque de me répéter : le collège, les dettes de mon père et la vie dans mon quartier. J'entre dans ma quatorzième année, cette existence programmée m'étouffe, j'ai des envies de liberté. Je sais qu'après Mulhouse les forains continuent leur périple au Luxembourg et je n'ai plus qu'une idée en tête : les suivre... Ma famille étant ce qu'elle est, je réussis sans peine à convaincre mon père de me laisser partir : je serai de retour pour la rentrée scolaire, pour moi ce sera comme des vacances et pour lui une bouche de moins à nourrir. L'éducateur, les services sociaux, je réussis également à les persuader que cette escapade me sera profitable et qu'après tout je l'ai bien gagnée. C'est ainsi que, mon autorisation de sortie de territoire pour mineur en poche, je pars à l'aventure, la vraie, pour la première fois de ma vie.

Mon séjour au Luxembourg, du 15 août jusqu'à la veille de la rentrée des classes, commence sous les meilleurs auspices. Je dors dans la cabine du camion, il y fait frais, je suis au calme – fini les bruits et les cris qui sont notre quotidien au quartier Drouot. Même si c'est tout petit, c'est chez moi. À moi. Pour moi tout seul. Réveillé vers 7 ou 8 heures du matin, je vais prendre ma douche et mon petit-déjeuner dans la caravane de Serge et sa femme. Après quoi, je vais prêter main-forte là où le besoin s'en fait sentir, nettoie le camion, aide à la mise en place de l'attraction avant le début des festivités. Lorsque la fête éteint ses feux et que les gens rentrent chez eux, nous fermons tout et nous allons nous coucher.

Cette fois, j'aide à la loterie de Marcel, un camion ouvert qui aligne des ours géants, des poupées aux robes de couleurs vives, des jeux exposés aux regards des clients, mis en valeur par l'animateur qui, à l'aide d'un micro, vous promet de repartir avec. Devant, un petit bac contenant des billets enroulés et maintenus par un anneau de plastique, dont l'un renferme le gros lot! Mon rôle consiste à appâter le client, à le convaincre de tenter sa chance encore et encore, à lui faire miroiter le numéro gagnant. Marcel encourage les déçus : « Continuez, le gros lot est là, je le reconnais, je le vois! » Si cela n'y suffit pas, il brandit un nouveau petit rouleau, affirmant qu'il tient là le second gros lot gagnant, avant de le jeter dans le bac et le mêler aux autres...

Un jour se présente un client entouré de ses enfants, bien décidé à repartir avec l'un des lots. Convaincu qu'il y a une astuce et que je la connais, il est prêt à me glisser un billet pour que je lui indique le rouleau gagnant. Mon refus ne le heurte pas et il engage la conversation, me demande mon prénom, ma ville d'origine et si je suis l'un des enfants de Marcel. Mis en confiance, je réponds à ses questions somme toute banales et, dans nos échanges, je lui indique travailler pour me payer une mobylette. Le hasard fait bien les choses, il en a précisément une chez lui, dont il ne se sert plus depuis un ou deux ans ; ses enfants n'étant pas en âge de l'utiliser, elle est à moi si l'affaire m'intéresse. C'est dire si j'ai la chance accrochée à mes semelles ! Je lui demande son prix, mais il insiste sur le fait qu'il me la cède puisque, de toute manière, elle finira par rouiller dans son garage. Sautant sur l'aubaine, je demande par quel moyen je pourrai la récupérer avant le démontage des manèges. Avec bonhomie, il me propose de le retrouver à une heure convenue après qu'il aura profité pleinement de la fête foraine avec ses enfants, il m'emmènera en voiture. J'hésite un peu, car comment rentrer ? Mon bienfaiteur providentiel trouve la solution : je n'aurai qu'à revenir en mobylette, puisqu'elle est en état de rouler, et il m'offre même le casque !

Bille en tête, et ayant obtenu de Marcel l'autorisation de partir plus tôt, je m'engouffre à l'arrière de la voiture avec les autres enfants. Nous sommes à l'étroit, mais la perspective de ce qui m'attend me met de belle humeur.

Nous arrivons dans une cité. Il se gare, fait rentrer les enfants turbulents et me précède dans les escaliers d'un sous-sol. Ne m'avait-il pas parlé d'un garage ? J'hésite un peu, mais, porté par mon envie, je le suis. L'endroit est glauque ! Nous nous retrouvons dans une cave encombrée de bâches, de poussettes cassées, de bouteilles vides, de déchets en tous genres… Dans ce dépotoir, je ne vois aucune mobylette. J'interroge l'homme. Il me répond le plus naturellement du monde : « Il n'y a pas de mobylette. Je t'ai amené ici parce que tu me plais. Tu as déjà eu des rapports sexuels ? » Sonné, je ne sais pas quoi répondre. Puis, comme si Ariane et sa sœur jaillissaient devant moi, je reprends mes esprits. Je balaie les alentours d'un regard terrifié et, sous la lumière blafarde de l'unique ampoule, j'entrevois le pire. Comme tout le monde, j'ai entendu parler d'affaires criminelles et des horreurs subies par des enfants disparus que l'on a retrouvés morts. Je réalise le piège dans lequel mon rêve de mobylette m'a fait tomber sans réfléchir. Mes yeux se posent sur la braguette de l'homme au souffle court et je comprends ce qui m'attend. Les pensées se bousculent dans ma tête comme des poules à l'heure du grain sans qu'aucune ne m'apporte peu ou prou une solution. Le « bon père de famille » est planté devant moi, me barrant la route. Je sais que je ne peux plus faire marche arrière, je le sais parce que j'ai déjà vécu cette horreur au foyer. Je me sens pris dans une souricière, j'ai peur de mourir et je réalise que personne ne sait où je me trouve en ce moment. Je tente naïvement de le contourner par un mouvement brusque. Il me bloque le passage, me fixe d'un regard qui en dit long, se déboutonne et sort son sexe. J'ai été violé par des filles, jamais par un homme…

Je regarde encore autour de moi. Je ne veux pas disparaître ainsi, je ne veux pas qu'on me retrouve mort au milieu d'un tas de détritus, dans une cave minable et crasseuse. La peur de mourir étant plus forte que tout, je lui donne son plaisir en évitant qu'il pose ses sales mains sur moi. Écœuré, avec l'envie de vomir. Une fois son désir assouvi, le « bon père de famille » s'avachit. Je profite du moment pour fuir et remonte les marches en courant. Revenu à l'air libre, je respire à pleins poumons : ma vie est sauvée, mais je pleure sans retenue. Il pleut à verse. Je me place sous l'eau qui tombe du ciel, visage levé, bouche ouverte, pour me laver de cette crasse. Je me sens sale et humilié. Combien de temps suis-je resté sous la pluie ? J'entends une voix, derrière moi, qui me dit : « Tu ne peux pas rentrer à pied et il n'y a plus de bus. Viens, je te raccompagne. » J'enfonce la tête dans les épaules, j'ai honte, je suis en colère contre moi-même pour avoir cru à toute cette histoire. Cette ordure m'ouvre la portière avant, je refuse et monte à l'arrière. Le retour se fait dans un silence plombé. Quarante kilomètres de supplice. M'a-t-il parlé ? Je ne sais pas. Je n'ai pas écouté, je n'ai rien entendu. Le paysage défile. Je revois le chemin à l'aller, festif, entre ses enfants... Un père de famille. Un violeur. Et mon rêve qui m'a fait baisser la garde. Combien ai-je été niais ! Le tumulte fait rage dans mon cœur.

Le monstre me dépose à un kilomètre de la fête foraine. Je sors de là, claque la portière et avance sans me retourner. Je m'enferme dans la cabine du camion. Enfin seul pour pleurer : sur la cruauté des hommes, sur ma naïveté, sur cette blessure qui me hantera encore des années.

Je ne ferme pas l'œil de la nuit. Je ne confie à personne ce qui m'est arrivé et dans cette logique je n'oserai jamais dénoncer ce violeur d'enfant. Comble de l'insupportable, il reparaît soudainement à la loterie avec sa progéniture, un sourire malsain étirant le coin de ses lèvres. La scène est à ce point intolérable que, pris de nausée, je me réfugie derrière le camion pour vomir.

Je sais que Serge a un fusil à pompe, placé bien à l'abri des enfants, il m'en avait montré la cachette et, pour me sentir plus en sécurité... je démissionne de la loterie et retourne au stand de tir, me disant que si ce pervers au faux air bonhomme revient m'embêter, je lui mets un plomb. En imaginant ce choix, il ne me vient pas à l'idée que si j'en arrivais à une telle extrémité ma vie basculerait dans l'irrémédiable. Je n'y pense pas parce que je n'ai que 14 ans, que ce sale type me dégoûte, que je n'ai personne à qui me confier, personne qui me défende de tels monstres. Je me jure de cesser d'être naïf et d'être un peu plus prudent à l'avenir.

Même si je flirte, je n'ai pas vraiment de petite copine attitrée. Je pourrais arguer que c'est par manque de temps, parce que les journées sur les foires sont très prenantes, parce qu'il y a toujours une occupation, une chose urgente à régler ou que les filles sont toutes trop jolies pour n'en préférer qu'une... Mais la vérité est que toutes les violences sexuelles subies au cours de ma jeune existence ont jeté un voile noir sur la possibilité d'une vie amoureuse épanouie. Pour tout adolescent, la sexualité doit s'aborder progressivement, par les échanges avec les copains, les livres, les questions posées à son père ou sa mère, c'est selon. Un peu comme des préliminaires en amour. De cette approche romantique et naturelle j'ai été privé, j'ai découvert la sexualité dans la brutalité. Personne n'a envie de commencer sa vie amoureuse de cette manière.

Depuis ma naissance, j'ai vécu des expériences traumatisantes que je n'ai jamais pu raconter, car je n'ai jamais eu personne pour me comprendre et me soutenir. Aussi loin que je me souvienne j'ai subi en silence, j'ai pris sur moi, j'ai intériorisé, mais j'ai avancé. Combien de fois suis-je descendu dans mon dernier abîme ? Combien de fois ai-je été dépouillé de l'essentiel ? Le seul moyen pour moi de survivre à tout cela est de déchirer chaque fois la page noircie, d'oublier au plus vite ce que je viens de vivre. Combien de pages ai-je déjà déchirées dans mon cahier de la vie ?

Une mutation, peu à peu, s'opère en moi : autant je ne veux plus systématiquement faire confiance, autant je me vide de ma foi. J'ai cessé de croire en Dieu parce qu'il ne m'a jamais entendu et qu'il a laissé faire toutes ces choses. Je me dis prosaïquement que si Dieu a placé nos yeux à l'avant du crâne, c'est pour regarder devant soi et avancer ! Je veux laisser le passé ensevelir mes morts et mes souffrances, je veux alimenter mes journées d'espoir. Je m'accroche désormais à une nouvelle philosophie de vie : pleure tant que tu peux ce soir et demain réveille-toi avec un nouveau rêve. « Ce qui ne me tue pas me rend plus fort. » Cette citation de Nietzsche, je me la récite depuis comme un mantra ; pour m'encourager, pour m'aider à me dépasser, pour rester combatif face à l'adversité, parce que si se relever n'est pas toujours facile, c'est toujours possible. Je refuse de me laisser broyer comme l'a été 6.8. Je choisis pour ma part de résister à l'adversité, d'en rire, de faire face aux injustices de la vie en puisant les ressources au plus profond de moi. Aide-toi et le ciel t'aidera : je choisis de croire aux étoiles, d'aller chercher ma chance, même si cela doit être avec les dents ! Je veux être le phénix qui renaît de ses cendres. Voilà ma nouvelle trajectoire de vie. Je vais tout faire pour l'appliquer… Même si c'est plus facile à dire qu'à faire…

7

Christian

Dans son livre *Chiens perdus sans collier*, paru en 1954, Gilbert Cesbron évoquait avec justesse et de manière émouvante le sort de jeunes en errance, issus de milieux défavorisés, qui se cherchent dans la violence et s'affirment par les délits. Ils finissent heureusement soutenus par un juge, un éducateur, dévoués corps et âme à leur métier. Malheureusement, tous ne croisent pas la route d'un juge tel Julien Lamy, ou d'un psychologue tel que Sean Maguire dans le film *Will Hunting*. Béni des dieux, j'ai pourtant la chance de rencontrer l'un de ces anges gardiens en la personne de Christian.

Je suis en 4e au collège Saint-Exupéry, à une époque charnière, sans autre idée de mon avenir que de me demander si mon père réussira un jour à éponger ses dettes. Pour l'heure, je me fixe des objectifs à l'année comme tout enfant de la cité : « Je suis en 4e et si je passe en 3e ce sera déjà bien. Après on verra. » Comme de nombreux copains je reste sans repères, n'ayant aucun exemple d'un père ou d'un grand frère ayant fait des études, et rien que le mot « lycée » est pour moi totalement abstrait. En attendant cet avenir lointain, je monte un groupe de hip-hop avec mon copain Aïdemir : Les Prophètes X. Le rap est dans l'air du temps, c'est un bon vecteur de messages. C'est là que ma route croise celle de Christian, qui vient d'arriver dans le quartier au volant de sa 205 blanche. Son bureau se trouve au foyer des éducateurs, coincé entre l'ancien et le nouveau Drouot. Âgé d'une quarantaine d'années, il a un je-ne-sais-quoi qui lui donne des faux airs de mon père : moustache, cheveux bruns très lisses, raie sur le côté. Le courant passe d'emblée entre nous : Christian est gentil, patient, toujours disponible et toujours à l'écoute. Il s'intéresse à nous et à nos rêves, ne nous impose jamais rien, ne nous fait jamais la morale.

Quand il apprend que nous avons monté notre groupe, et grâce au réseau associatif, il nous met en relation avec un musicien. Malgré sa dégaine hard-rock, Christian l'apprécie beaucoup parce qu'il est bosseur et sérieux dans ce qu'il fait. Et nous savoir à composer dans le studio d'enregistrement vaut mieux que de nous voir traîner dans les rues. Nous lui présentons nos textes, qu'il lit avec intérêt avant de nous proposer de les mettre en musique à partir de sons que nous affectionnons particulièrement. Aïdemir et moi écumons alors une série de CD : Jean-Jacques Goldman, bien sûr, que j'adore – la chanson *Envole-moi* me touche au mot près –, puis viennent les partitions de Queen (Freddie Mercury est mon autre idole), et de nombreuses mouvances musicales, dont les chansons d'Édith Piaf. Nos morceaux préférés sélectionnés, le musicien met en notes notre première partition. La musique colle parfaitement aux paroles, nous sommes tellement fiers de notre projet et de nous savoir rappeurs accomplis.

Christian devient notre providence : non seulement il nous encourage dans la voie de la musique, mais il nous aide à trouver des budgets par le réseau associatif. Cerise sur le gâteau, il obtient aux Prophètes X d'être invités au Printemps de Bourges, grande scène qui permet à des jeunes artistes d'exprimer leur art et qui a vu éclore de nombreux talents. Nous n'en croyons pas nos yeux et nos oreilles ! Nous, Les Prophètes X, sur les mêmes planches que Lucky Peterson ou Faudel, qui démarre sa carrière. Nous sommes logés à l'internat Jacques-Cœur.

La soirée commence à Bourges et je m'étonne auprès de l'organisateur du festival : « Où sont les journalistes qui viennent dans les quartiers filmer les véhicules brûlés et les violences urbaines ? Pourquoi ne viennent-ils pas nous voir, nous qui essayons de faire des choses positives, de faire passer un message ? À cause de cette désinformation, les gens ont une vision négative de la banlieue. » D'ailleurs, les journalistes ne sont pas les seuls à véhiculer des idées fausses sur les quartiers et je prends pour exemple le film *La Haine*, que je n'ai pas aimé. En voulant dénoncer une forme de haine, Mathieu Kassovitz, le réalisateur, l'a plutôt attisée. Après la projection du film, j'ai vu des spectateurs qui, sortant du cinéma, avaient envie de tout casser.

Déçu de ne pas trouver de porte-voix, je profite de mon temps libre pour m'isoler afin de composer mes textes et dictionnaire à l'appui, je cherche les bons synonymes pour ciseler mes vers. Me voyant travailler ainsi, l'un des animateurs m'annonce que Philippe Douste-Blazy, le ministre de la Culture, nous fera l'honneur d'être présent le lendemain et il me demande si je souhaite le rencontrer. Bien sûr, je suis partant.

Musicalement parlant, c'est le désenchantement qui m'attend au coin de la scène et qui va me faire changer d'avis. J'avais jusqu'alors la naïveté de croire que les rappeurs ont à cœur de passer de vrais messages ; or, je découvre pendant ce festival qu'ils parlent sans respect, pour certains avec arrogance, expliquant leur seule motivation : se faire de l'argent en vomissant de la haine, ramasser des filles, conduire de belles voitures comme dans les clips. Moi, naïf et aspirant à l'absolu, je me fais leur contradicteur avec de grandes envolées sur le message véhiculé. Je défends le *Rhythm and poetry*, à savoir le rythme et la poésie, qui sont l'expression de nos sentiments, de nos envies, de nos émotions alignée sur une musique. Ces concepts leur passent totalement au-dessus de la tête : pour eux, le rap est le moyen de se faire un nom, compter les billets et boire du champagne avec des filles aux seins refaits. Pour eux, le *to rap* n'est autre que ce qu'il signifie en anglais : « bavarder, baratiner et blâmer ». Me sentant trahi dans mes convictions, je décide d'arrêter définitivement le rap et je fais ma valise. On a beau me dire que le ministre de la Culture doit venir le lendemain, je pars en claquant la porte.

La déesse Fortune a pourtant décidé de se poser un temps sur mon épaule pour me rappeler que notre destin est souvent là où on ne l'attend pas… Prenant acte de mon renoncement, Christian m'ouvre alors au théâtre.

Mon quartier a la chance d'être doté d'une salle, le Rallye Drouot, là même où Jérôme Savary a monté ses premières représentations. Christian m'en parle avec des arguments convaincants et me met en contact avec la troupe, Le Carambole. Rendez-vous est pris. Le metteur en scène me présente l'ensemble des membres, de l'acteur au décorateur en passant par le régisseur du son, de la lumière, le costumier, l'accessoiriste, pour finir par l'auteur… Me rendant compte qu'au théâtre chacun peut trouver sa place selon ses aptitudes, l'idée me tente et je m'inscris aux cours (gratuits) de l'atelier. J'y rencontre Bernard Gabay, un homme élégant à la voix bien posée… Le film *Seven* étant à l'affiche, nous décidons d'aller le voir ensemble. Lorsque j'entends la voix française de Brad Pitt, je me tourne vers lui et, amusé, lui murmure : « C'est drôle, on dirait ta voix. » Il m'apprend alors qu'il est la voix française de Brad Pitt, mais aussi d'Andy Garcia, Antonio Banderas ou Keanu Reeves, entre autres.

Je fais mes premières armes au théâtre et, de la même manière qu'avec mes amis forains, je me prends d'affection pour cette grande famille portée par la générosité et le partage. Cette positivité autour de la construction d'un projet m'était inconnue jusqu'à cette expérience au Carambole. Une vraie révélation ! Tout ce monde fourmille autour de Pascal Tedes, qui a monté la pièce *Les Légendes de l'obscurité*. Nous échangeons nos points de vue, nous mobilisons notre esprit, notre groupe est pareil à une ruche où les abeilles laborieuses s'activent autour d'un projet commun, un joyau que l'on taille et que l'on dépose entre les mains du public pour le faire rire ou rêver. Je découvre également le côté thérapeutique du travail d'acteur : je ne suis plus le petit gars des Coteaux, abandonné par sa mère et placé en foyer, je suis quelqu'un qui, sous couvert d'un rôle, peut étaler ses tripes, se servir de ses émotions, de ses rancœurs, jouer de ses souffrances accumulées pour donner une âme à son personnage. J'apprends à mieux m'exprimer, je travaille mon articulation avec un crayon en bouche, répétant ma liste de virelangues pour affiner ma diction… Le théâtre, c'est la magie qui vous porte quand vous voyez les jeux de lumière se mettre en place, le décor s'imaginer et s'installer, dans une alchimie parfaite. C'est la grâce apportée par les spectateurs, qui viennent vous voir sur scène et vous applaudissent en fin de représentation pour vous dire : « J'ai aimé ce que tu as fait. » Je réalise à quel point ces encouragements me nourrissent, à quel point ils sont bienfaisants. Cette troupe est la meilleure bouée de sauvetage que l'on aurait pu me lancer. Merci, Christian !

Le hasard ne faisant jamais les choses à moitié, nous avons la surprise de voir Christine Demesse-Bachellerie, directrice de cabinet de Philippe Douste-Blazy, venir assister à une représentation. Elle est accompagnée de Khalid El Quandili, sept fois champion du monde de kickboxing et qui a pris fait et cause pour la banlieue.

Elle entre dans notre théâtre de ZUP, tailleur de bourgeoise du 16e, chaussures à talons aiguilles, avec une élégance bon chic bon genre qui ne peut que détonner avec l'endroit. Tout le monde s'agite en coulisses. Moi, ça me va très bien ; dans un premier temps parce que c'est un honneur, et d'autre part parce que j'ai toujours combattu les préjugés et ai appris – parfois à mes dépens – que l'habit ne fait pas le moine. Ni dans un sens, ni dans l'autre. Cette belle femme, à l'allure improbable pour notre quartier, félicite la troupe et, au hasard de la conversation, se renseigne : « J'aimerais bien retrouver ce petit jeune du Printemps de Bourges. On avait fait remonter au ministre des choses très pertinentes qu'il a dites sur les journalistes et la banlieue ; M. Douste-Blazy avait souhaité le rencontrer, mais il était parti en claquant la porte. » Je rougis de confusion lorsque je réponds : « C'était moi ! »

Mme Demesse-Bachellerie annonce qu'à l'occasion des JO d'Atlanta le président Chirac a pour projet d'y envoyer une délégation de vingt-quatre jeunes dans le cadre du programme « Jeunes de banlieue ». J'ai vaguement entendu des discours du président, ses projets autour de la fracture sociale, mais sans m'y intéresser plus que ça. Elle ajoute, me fixant : « Les sélectionnés passeront d'abord cinq jours à New York, pour rencontrer les jeunes du Bronx, de Harlem, puis s'envoleront pour Atlanta, où ils seront spectateurs et supporters de la délégation France. » Coincé dans ma « quatrième dimension » du Drouot, je l'écoute développer le projet, expliquer la manière dont les jeunes sont sélectionnés : par la Drac, la Culture, les Sports, dans un ordre confus à mes oreilles parce que tout cela m'est complètement étranger.

La suite me paraît irréelle : j'apprends que je ferai partie du voyage, que mon nom a été choisi au Printemps de Bourges grâce à ce que j'ai dit sur les idées reçues sur la banlieue, sur mon application à écrire mes textes, dictionnaire en main. Lorsqu'elle ajoute que je suis sélectionné, que je serai le seul à représenter la culture, tous les autres étant des porte-drapeaux du sport, je jette un coup d'œil furtif à Khalid El Quandili, histoire de m'assurer que ce n'est pas une blague. Mais il est sérieux et posé et son seul regard me confirme que tout ça est vrai. J'écoute alors plus attentivement la secrétaire du cabinet du ministre lorsqu'elle me demande d'envoyer une copie de ma carte d'identité pour finaliser le dossier. Elle parle encore, mais autant de nouvelles impensables, c'est trop pour moi. Je remercie poliment, incrédule. Atlanta… Je dois rêver !

La suite, je la traverse sans plus toucher terre : nous donnons plusieurs représentations, sur des scènes traditionnelles ou dans des lieux insolites, comme ce wagon de transport de marchandises à la gare ferroviaire… Juché sur mon nuage, je flotte en apesanteur. Je n'ai plus qu'une étoile directrice : Atlanta !

Petit croche-pied à ce bonheur annoncé : je suis mineur et sans toutes les autorisations administratives liées à notre situation familiale, je ne suis plus éligible au voyage. Moi qui en ai tant rêvé, moi qui ai révisé ma géographie et l'histoire des Jeux olympiques, je refuse de croire que tout puisse s'effondrer comme un château de cartes parce que mon dossier ne sera pas complet à temps. Heureusement, après quelques coups de fil, le président Jacques Chirac tranche et, grâce à cette autorisation de la plus haute instance de la République, je ferai partie du voyage pour Atlanta.

Je cours annoncer la nouvelle à Christian. Il me reçoit, se réjouit avec moi puis m'explique devoir s'absenter quelque temps ; rien de grave, juste une opération qui nécessitera quelques jours d'hospitalisation, ajoutant : « Ne t'inquiète pas, j'ai tout réglé te concernant, tout est organisé pour que ça se passe bien à chaque étape. » Mots sibyllins qui me font lui demander : « Tu es sûr que ça va ? Parce que là tu dis des trucs bizarres quand même. » Il me rassure. Je lui promets de m'arrêter à son bureau pour prendre de ses nouvelles dès sa sortie d'hôpital.

Trois jours passent. Le samedi, les cours finissent à midi. Comme le collège se situe dans l'ancien Drouot, je rentre à pied, longe la caserne et arrive à l'angle où se trouve le foyer des éducateurs. Les volets sont fermés, mais, sur le parking d'en face, je vois la 205 blanche de Christian, que je reconnaîtrais entre mille. Je me réjouis de retrouver mon éducateur préféré. Je m'apprête à sonner pour prendre de ses nouvelles lorsque je suis rattrapé par des copains avec lesquels j'avais prévu d'aller jouer au foot. Leurs arguments sont logiques : si je perds du temps à sonner, puis à discuter, adieu le créneau foot. Je me laisse convaincre : je reviendrai plus tard. D'ailleurs les volets sont fermés. Et puis Christian m'a dit qu'il me préviendrait. Et puis je me trompe peut-être, ce n'est pas sa 205… Pourtant, je sais que je me mens à moi-même pour justifier ma décision de suivre les copains.

Le lundi, je retourne au collège sans être repassé par le bureau des éducateurs. Christian ne m'a pas fait signe, j'irai ce soir, en rentrant. L'une de mes surveillantes frappe, entre dans la classe et, le visage grave, me demande de la rejoindre dans le couloir. Je m'exécute, me demandant ce que j'ai encore bien pu faire... La porte à peine refermée elle me prend dans ses bras et, après un moment d'émotion, m'annonce : « Christian n'est plus là. » Le mauvais pressentiment, ou plutôt cette mauvaise conscience qui m'a poursuivi tout le week-end, me transperce de part en part. Je fixe la surveillante, ne sachant quoi comprendre, et elle m'annonce que mon éducateur a mis fin à ses jours dans son bureau. « Il a pris des médicaments et s'est endormi pour toujours. » Un tsunami intérieur me dévaste et mon armure vole en éclats, un peu comme ces barres de vélos bourrées d'explosifs que les jeunes font sauter près de l'église. Je m'effondre en pleurs intarissables.

Je pleure jour et nuit, me demandant comment un corps peut contenir autant de larmes. Je me liquéfie littéralement. Je suis inconsolable pendant plus de deux semaines, tellement que j'inquiète mon père, qui se demande pourquoi je me mets dans cet état. Il ne peut pas comprendre que je viens de perdre un frère, un ami et un père en une seule personne. Christian, c'était mon monde et tout ce qu'il contenait. La première personne à me témoigner de l'attention, de la chaleur humaine, de l'amour, de la passion, de la douceur et l'envie de me réaliser. Moi qui ai toujours été considéré comme un objet qu'on déplace, j'ai eu la chance de rencontrer l'ange Christian, le premier à m'écouter, le premier qui ait réussi à me structurer, qui ait donné un sens à ma vie. Comment imaginer qu'il pouvait être malheureux ? Je m'en veux de n'avoir pas sonné à la porte ce jour-là.

Lorsque l'on perd un être cher, le présent s'estompe et l'on se réfugie dans un passé révolu. Je me remémore notre première rencontre... Je me revois sortir de mon conseil de classe avec un bulletin à jeter à la corbeille. J'avais croisé Christian dans l'escalier, je ne le connaissais pas. Il m'avait demandé si j'avais eu mon carnet de notes et voulait le voir. Défaitiste, j'avais répondu par l'affirmative et le lui avais tendu. Il l'avait ouvert, l'avait lu attentivement et, contre toute attente, m'avait dit : « Bravo ! c'est bien ce que tu fais, continue comme ça. » Ces mots, cette attention avaient constitué le premier sens donné à ma vie construite dans la dévalorisation permanente et la mésestime de soi. L'encouragement de cet éducateur a été la première pierre de ma reconstruction. Christian m'a insufflé la force de la bienveillance, parce qu'il était bienveillant avec moi. Un peu comme une bougie allumée qui en allume une autre pour propager la lumière. Je me souviens de son précepte : « On est plus heureux à donner sans prendre qu'à prendre sans donner. » Cette sentence, je l'ai écrite sur le marbre de ma vie. Christian m'a appris à écouter les autres, à les valoriser, et j'applique encore aujourd'hui cet enseignement. Il est devenu une étoile qui brille constamment dans mon firmament et je sais qu'il accompagne chacun de mes pas. Lorsqu'une belle chose m'arrive, je pense instinctivement à lui, espérant qu'il est fier de moi. Je le remercie encore et encore, parce que Christian était le parangon par excellence, parce qu'il m'a appris qu'il suffit d'un mot pour changer la vie d'une personne. Je regrette de n'avoir jamais pu lui rendre la pareille et lui dire toute ma reconnaissance...

L'enterrement de Christian est le premier auquel j'assiste. Il y a beaucoup de monde dans l'église parce qu'il était connu et très apprécié dans le quartier. De ma place, le cœur désagrégé de chagrin, je me fais le témoin de toutes les peines réunies. Sa famille est assise au premier rang, j'identifie sa femme et ses enfants. Je me mouche sans arrêt. Au moment des hommages, ceux qui le souhaitent peuvent venir au pupitre pour dire un mot. Je me lève, chancelant. Je lis un texte sur l'amour et l'espérance que j'ai trouvé dans un livre en me concentrant sur ma feuille pour ne pas pleurer, même si ma voix se brise, souvent. Je replie ma page, je passe près de sa famille et je me rassois au fond. Si j'avais pu éviter de venir, je l'aurais fait, mais je suis là pour lui rendre hommage, le remercier. Je dévisage Jésus, sur sa croix, puis la Vierge à l'Enfant. Je suis plein de douleur et vide de foi…

En Alsace, les cours de religion font partie intégrante du programme scolaire au même titre que la géographie ou l'histoire. La disparition de Christian me révolte à tel point qu'un jour où notre référente évoque le thème de l'avortement je ne peux pas me taire et la contredis, pour ne pas dire que je sors de mes gonds, sans doute le résultat d'un trop-plein longtemps refoulé. Je lui explique que je ne suis pas d'accord sur le principe de la préservation de la vie à tout prix et j'argumente, parce qu'à mon sens une fille victime de viol n'a pas envie de garder l'enfant de son criminel. La référente de foi, un peu déroutée par mes propos, tente de me persuader mais ses développements sont parfaitement inaudibles pour moi. J'enfonce le clou : je trouve criminel de manière plus générale d'imposer à des filles de garder un enfant non désiré, qu'il soit le fruit d'un viol ou tout simplement d'une erreur de parcours, parce que ça arrive lorsqu'on est désœuvrée ou en manque de repères, comme c'est arrivé à des filles du quartier que je connais. Un enfant qui vous renvoie jour après jour votre défaite. Non seulement ces filles condamnent cet innocent, mais elles se condamnent elles-mêmes, ce qui équivaut à la peine à perpétuité pour deux personnes. Mes propos, jugés trop séditieux, me font exclure du cours au motif que je ne suis plus en phase avec les préceptes imposés par ma religion. C'est sans regret. Cet abcès-là aussi, il fallait le crever…

8

Atlanta

Le grand jour arrive enfin. Nous sommes à l'été 1996, J'ai 16 ans, je suis en 3e et je m'envole pour les États-Unis, autant dire que c'est comme si j'allais sur la Lune! Autour de moi, ma famille et mes copains en bavent d'envie et moi, je marche sur l'eau!

C'est la première fois que je prends l'avion et le hasard veut que nous embarquions trois jours après l'attentat du Paris-New York de la TWA. Nous en avons entendu parler et vu des images aux informations, mais pour l'heure nous ignorons si l'accident est le résultat d'un tir de missile, d'une erreur de pilotage ou d'un problème technique… Peu rassurant…

Nous arrivons à l'aéroport JFK, à New York, où nous sommes accueillis par une délégation franco-américaine. On se congratule et l'on se salue à tour de bras autour de moi. Je ne connais personne, hormis Khalid El Quandili. Nous sommes accompagnés par deux journalistes dont un caméraman de France Télévisions pour l'émission « Tout le sport » et nous avançons comme des stars de cinéma entourées de leurs fans. Je suis excité, je profite de chaque instant pour mieux m'en souvenir plus tard, car le jeune de banlieue que je suis n'en revient toujours pas de vivre un véritable rêve éveillé. Tout m'inspire, tout m'intéresse, je baigne dans un bonheur absolu.

Un défilé de limousines nous attend à l'extérieur et mon cœur chavire à l'idée que je vais monter dans l'une de ces voitures qui pour moi n'existent qu'au cinéma. Je suis reconnaissant à Jacques Chirac d'avoir mis sur pied ce programme, de nous avoir permis de vivre ce rêve. Nous circulons dans les rues bruyantes de New York, je lève des yeux ébahis sur ces buildings immenses, bien plus hauts que nos HLM de douze étages des Coteaux. Ici, les barres sont mises dans le sens de la verticale, et elles sont tout de même plus classieuses que celles de Mulhouse ! Avant on les appelait des « gratte-ciel ». C'est vrai qu'on a l'impression que ces tours grattent le ciel et mangent les nuages ! Et tous ces drapeaux américains, déployés sur les façades et flottant au fronton des bâtiments, c'est magique ! C'est comme à la télévision ! Mes yeux dévorent chaque détail, l'impriment dans ma mémoire pour qu'elle s'en souvienne jusqu'à ma mort !

Nous arrivons à l'hôtel et là encore je vois des drapeaux américains partout. Par eux, je découvre le rapport à la fierté et au patriotisme. Pour l'heure nous déposons nos valises et nous repartons aussitôt via le Bronx pour disputer un match de foot avec les jeunes du quartier. Toujours en limousine, nous traversons l'East River par le pont de Brooklyn. Paysage spectaculaire ! La personne qui nous accompagne nous apprend que ce pont, qui sépare le quartier d'affaires de Manhattan du quartier populaire de Brooklyn, est l'un des plus anciens ponts suspendus des États-Unis, et que vingt-sept personnes ont perdu la vie pendant les travaux, dont l'architecte lui-même.

Changement de dernière minute, on nous annonce que le match se déroulera en un autre lieu que celui prévu en raison d'un échange de balles entre bandes rivales ayant provoqué la mort d'un jeune. Nous arrivons à destination à l'issue de quelques détours de rues et rencontrons nos adversaires. Moi qui ai grandi dans une cité à majorité nord-africaine, je suis impressionné de voir autant de Noirs en un seul espace. Nous nous saluons, conscients de part et d'autre que la communication verbale va être compliquée. Le match commence, nous jouons en salle, c'est bon enfant. À l'issue, j'essaie encore d'aligner trois ou quatre phrases en anglais, mais force est de constater que mes interlocuteurs ne comprennent pas grand-chose à mon charabia mâtiné d'un accent *frenchie*.

Puis nous nous dirigeons vers Harlem, où nous devons disputer un match de basket. Ce quartier me parle, parce qu'on y a concentré les Afro-Américains, parce qu'il a été l'un des centres de la lutte pour l'égalité des droits civiques, parce qu'ils sont les oubliés de la République, comme nous ! On nous emmène dans une église où un prêtre repêche les jeunes en perte de repères et les forme au basket avec une discipline de fer, au point que 70 % d'entre eux finissent en NBA. Comme quoi, tout reste possible sur Terre !

Nous nous asseyons dans les gradins pour les regarder s'entraîner et je remarque d'emblée les effets de la discipline instaurée par le curé qui consiste en une punition collective si un seul d'entre eux fait une bêtise. Je vois également de mes yeux leur pratique du *suicide*, à savoir une succession de sprints à distances et à temps contrôlés. À l'issue de ce supplice, les joueurs sont invités à se mettre en place sur le terrain, essoufflés, rincés. Nous devons les affronter et nous entrons en lice, frais et dispos, jouant la fausse humilité car nous fanfaronnons intérieurement, sûrs de gagner.

Le match commence et, bien vite, comme une boussole soumise au triangle des Bermudes, nous ne savons plus où nous sommes. Ils nous dépassent de deux têtes, ont une détente surhumaine, marquent des paniers avant que nous ayons vu le ballon arriver, au point que l'entraîneur doit les calmer avec des « *Slowly, slowly* »... Chapeau, les jeunes de Harlem, ils nous ont mis une belle raclée ! Nous avons compris comment les méthodes du curé et leur esprit de compétition les ont amenés là où ils sont. Plus que de grands sportifs, il en a fait des combattants au fort esprit d'équipe.

Comme prévu, nous nous mettons en route pour Atlanta. Notre hôtel est l'un des lieux mythiques où Martin Luther King préparait ses discours. Nous déposons nos valises avant d'aller ensemble assister à un concert. Je m'endors en plein milieu de celui-ci et, à l'issue de la première partie, je demande à retourner à l'hôtel. Comme je suis le seul mineur, il faudrait que quelqu'un m'accompagne, voire que tout le monde rentre en même temps que moi. On me saute dessus à bras raccourcis, les jeunes m'accusant de vouloir casser l'ambiance, de gâcher la fête! Loin de souhaiter imposer une punition collective, je décide de me sacrifier, bien que soucieux de l'heure à laquelle je vais pouvoir me coucher. Renseignements pris auprès de l'un des organisateurs j'apprends que la seconde partie du concert commence vingt minutes plus tard. Vingt minutes à patienter quand on tombe de sommeil, cela me semble être le bout du monde! Dans la foulée, je demande des précisions sur sa durée et là – merci, la chance –, on nous informe que le chanteur de reggae qui devait se produire a annulé son tour de chant à la dernière minute. Ça remue dans les rangs, personne n'ayant envie d'assister à une partie de concert de substitution sorti d'un chapeau. Après concertation, nous décidons collégialement de quitter le lieu du spectacle et, à la place, de nous arrêter en chemin pour goûter du poulet frit, la spécialité du Sud.

Nous nous installons dans un restaurant de poulet *made in* Atlanta, bien dans l'ambiance d'un film américain avec musique locale et, sur les murs, des photos de tous les présidents des États-Unis. Le poulet est cuit au feu de bois et servi avec une sauce exquise. Nous en sommes à rire et à bavarder autour de la table quand, brusquement, nous entendons des sirènes de police qui annoncent un ballet de gyrophares, un défilé d'ambulances et de motards… Tout le monde se lève, regarde par les baies vitrées, s'interroge : que se passe-t-il? Personne ne sait.

De retour à l'hôtel, j'allume le téléviseur et tombe sur les infos en continu, où défilent les images d'une catastrophe. Dans le clignotement des gyrophares, je vois des morts recouverts de bâches, des blessés, du sang et des gens paniqués, et il me semble reconnaître le lieu du concert que nous venons de quitter. Comme je ne comprends pas les commentaires, je vais voir le journaliste qui nous accompagne ; il confirme qu'il s'agit bien du lieu où s'est déroulé le concert. Mon sang ne fait qu'un tour lorsque je reconnais le banc où nous étions assis et qui, précisément, a été pris pour cible trente minutes à peine après notre départ. La nouvelle fait le tour des chambres, nous nous rassemblons dans la confusion pour suivre les images et les commentaires qui n'ont plus besoin de traduction. Nous réalisons que nous avons échappé au pire, que ma fatigue ajoutée au fait qu'un artiste avait annulé son tour de chant nous ont sauvé la vie. Nos responsables préviennent immédiatement le Quai d'Orsay et l'on nous renvoie au lit.

J'ai du mal à trouver le sommeil. À 3 heures du matin, nous nous faisons réveiller par le FBI, dans une scène digne d'une série américaine ! Des agents en costume entrent et inspectent la chambre. Ils mâchonnent des phrases en anglais, que notre accompagnateur traduit en substance : les fédéraux soupçonnent la communauté noire d'avoir commis cet attentat… « acte de revendication »… Ils nous conseillent de bien fermer la porte derrière eux. Je me recouche, tremblant. Au fond de mon lit, je me repasse les événements du jour et réalise que la chance, une fois encore, veillait à mes côtés…

La journée suivante nous happe, l'emploi du temps est très serré. Tout se déroule comme dans un tourbillon, puisque nous sommes reçus par le comité olympique et assistons aux Jeux en qualité de spectateurs privilégiés. C'est géant ! L'ambiance est magique et indescriptible, ça n'a rien à voir avec le spectacle que l'on suit à la télévision, et le soir nous rentrons aphones d'avoir hurlé des encouragements… Peu importe qui remporte la médaille, qu'importe l'hymne qui résonne au-dessus de la première marche du podium, nous fusionnons, nous sommes heureux pour les athlètes. Avec émotion, je mesure combien les efforts rendent magnifique la victoire et touchante la défaite. Ces sportifs pleurant de joie ou de douleur sont tous des héros.

Nous rentrons en France avec des aventures palpitantes à raconter, des images merveilleuses plein la tête. J'avais emporté un cahier de travaux pratiques pour faire mon reportage personnel. J'y ai tout consigné dans le détail et, fierté de petit Français, j'ai collé sur la couverture une photo où je pose avec deux Américaines devant un quad de police. Sous le titre « Travaux pratiques », j'ai ajouté trois petits points et, en lettres capitales : « EN AMÉRIQUE ». Ça, c'est pour faire baver les copains ! Une belle aventure s'achève. En montant dans l'avion qui nous ramène en France, je sais désormais que tout est possible à celui qui veut vivre ses rêves afin de rêver de sa vie…

9

Retour d'Atlanta

À notre retour d'Atlanta, j'ai du mal à me replonger dans ma vie en ZUP. Ce voyage a déployé mon champ des possibles et la chute est brutale, d'autant que le vide laissé par Christian est criant. Lorsque je passe devant le bureau des éducateurs, les souvenirs refont surface, véhiculant des images, des sons, des rires et des odeurs qui sont douloureux. Je suis rempli de choses extraordinaires à lui raconter sur mon voyage et je ne peux pas le faire, je ne pourrai jamais plus. J'enrage intérieurement et je serre les poings. J'entre en 2de et la vie continue. Elle m'a imposé des épreuves, que j'ai combattues par mes rêves. Je fais mienne cette maxime du célèbre explorateur Jean-Louis Étienne : « Même si le chemin paraît difficile, il faut persister dans la voie de ses rêves. » J'ai décidé de me créer un avenir, je veux être un touche-à-tout, je veux laisser la porte ouverte à la chance, au cas où elle se présenterait pendant mon absence. Qu'elle entre et qu'elle s'assoie, j'arrive tout de suite ! Est-ce mal de vouloir échapper à un destin écrit d'avance avec une plume ingrate ? La vie, c'est survivre à des choix injustes !

En ce sens, j'admire Bernard Tapie, qui a toujours su convoquer la chance. Depuis tout petit, je suis bercé par l'Olympique de Marseille et je collectionne le magazine *Onze mondial* avec les vignettes... Tapie, qui incarne la réussite, nous apporte du rêve avec le foot... La coupe du monde au Mexique avec Diego Maradona, Adidas, le rachat d'entreprises en faillite, ses parrainages. Son émission « Ambitions », dont le concept est simple : aider les projets de jeunes entrepreneurs de moins de 25 ans souhaitant créer leur société mais n'ayant ni les fonds nécessaires, ni le carnet d'adresses. De cet homme à la puissance impressionnante et au culot qui ose tout braver, je retiens une phrase : « On a trois secondes pour plaire. » Fils d'ouvrier, il a dit un jour s'être révélé durant son service militaire : « J'ai découvert que l'uniforme gomme les classes sociales. Tous pareils, tous au même niveau, on ne vous juge que sur votre valeur. Peu importe d'où tu viens, l'important c'est où tu es capable d'aller. C'est ça, l'égalité des chances ! »... Son énergie hors du commun est comme un phare dans la nuit, un espoir pour la jeunesse qui en veut. Je m'identifie volontiers à lui et il est l'un de mes modèles, je suis toutes ses performances, son implication dans les quartiers, qui m'a amené à m'intéresser progressivement à la politique. Son débat avec Jean-Marie Le Pen est pour moi le choc des Titans. Quelles répliques mémorables par ce boxeur qui ne lâche rien ! Je rêve d'être comme lui, et comme lui je veux m'inventer ; comme lui, j'ai la rage de m'en sortir ; comme lui, je sais que l'on peut tout gagner et tout perdre, sans jamais se décourager, avec l'énergie de toujours rebondir. Il m'a appris qu'on peut baisser la tête, mais jamais les bras!

En attendant des jours meilleurs, je m'échappe par ma parenthèse estivale à la fête foraine, le théâtre ou la littérature, je m'implique dans la vie de la cité, me constitue un carnet d'adresses avec un réseau autour des actions culturelles, parce que j'ai compris que rien n'arrive par hasard et qu'il faut parfois actionner les bons leviers. Je vais régulièrement assister aux directs des émissions de NRJ Mulhouse et, à force, je m'enhardis et approche les animateurs. Je me lie d'amitié avec certains, dont Alain-Pierre, dit Alan Horse, journaliste sur la station. Moments de joie, échappatoire incroyable. Je rencontre également Dominique, surnommée « Domino », la directrice de la programmation de NRJ, numéro 1 en matière d'audience à l'heure où les radios libres émergent. Elle me prend sous son aile et me propose parfois de la seconder pour l'organisation de concerts, d'événements culturels, puis enfin de soirées, comme « Le jeudi, c'est permis », émission durant laquelle quatre permis – entendez par-là des leçons de conduite – sont à gagner.

Le hasard, encore lui, m'attend au virage : une grosse marque de vêtements d'Alsace confie sa campagne publicitaire à la radio. Plusieurs enregistrements plus tard, la patronne de la marque est insatisfaite. Comme je traîne par-là, que je suis jeune, l'animateur me fait signe et me demande de poser ma voix, simplement pour voir ce que ça peut donner. Texte en main, je l'interprète en puisant dans mes ressources de l'atelier théâtre. J'entends alors une voix enthousiaste s'exclamer : « Voilà le ton qu'on cherche ! De la fraîcheur, de la jeunesse ! Là, ça va parler à mes clients. C'est parfait, c'est dans la boîte. »

Ce carton plein m'ouvre la porte à de petites pubs sur NRJ. Je ne le fais pas pour l'argent mais parce que ça m'amuse et que j'apprends en observant les autres : chaque expérience est un apprentissage. Leurs parcours m'interpellent : pourquoi ont-ils réussi ? Quel élément les a fait entrer dans la lumière ? Je ne suis ni envieux ni jaloux, simplement admiratif, curieux de comprendre le pourquoi du comment, de chercher dans quel sens tourne le braquet. Je ne fais pas partie des pauvres qui pensent qu'il faut couper la tête de ceux qui réussissent pour prendre leur place en attendant qu'un autre sectionne la vôtre pour occuper le poste. J'en reste convaincu, toutes ces personnes, si différentes de moi, sont une chance. Parce que les plus grands ont toujours les moyens d'aider les plus humbles, de changer leur vie. Lorsqu'une main se tend vers moi avec générosité, je l'attrape. Voilà mon rapport aux gens. Pour autant, je ne suis pas naïf ! Je sais bien qu'il y a des individus perfides, qui n'œuvrent que par intérêt personnel, mais il y a aussi beaucoup de belles âmes, qui réalisent de belles choses, et ce sont ces dernières que je veux retenir parce qu'elles me font avancer et construire, qu'elles me procurent de l'énergie, qu'elles me font dire que le monde est beau. Je prends pour exemple Domino, qui m'a ouvert son carnet d'adresses et qui s'est donné la peine de passer des coups de fil pour moi. Un coup de fil, en ligne directe, pour demander à quelqu'un « Reçois-le ! », ça ne prend même pas cinq minutes. Son geste envers moi je le reçois comme un cadeau, parce que ça m'a permis d'emprunter l'autoroute au lieu de galérer sur les chemins de traverse. En contrepartie, je n'ai jamais trahi la confiance d'un mentor et ma fidélité de cœur à leur égard est indéfectible.

J'ai 17 ans et, comble de la modernité, je viens de prendre un abonnement téléphonique OLA chez Itineris à temps limité : il s'agit d'un abonnement à l'heure, sachant qu'une fois le forfait absorbé le compteur tourne à la cadence de celui d'un taxi. Encore novice en la matière, je tombe de ma chaise lorsque je découvre ma première facture : 1 800 francs. Comment m'acquitter de cette somme astronomique? Heureusement pour moi, et par le fruit de mes rencontres, j'ai fait la connaissance de Brigitte, qui organise des animations ou des jeux pour le compte du journal *L'Alsace*. Elle m'appelle ce jour-là, me propose d'animer une journée de marche de jeunes pour l'inauguration d'un foyer pour enfants à Colmar. Connaissant mon parcours, elle pense que je serai parfait. La marche doit partir de Mulhouse et le groupe doit effectuer quelque 30 kilomètres jusqu'à Colmar, ce qui prendra la journée. Elle me rassure : je serai dans un véhicule, côté passager et, à l'aide d'un haut-parleur, je n'aurai d'autre rôle que celui d'animer la marche en lisant un texte préécrit, le tout pour un salaire de 2 000 francs. Le « 2 000 francs » tinte à mes oreilles : je vais pouvoir payer ma facture.

Arrivé devant le journal *L'Alsace*, je repère la Peugeot 405 break marquée de logos publicitaires au nom du quotidien et j'attends. Mon téléphone sonne, c'est Brigitte, qui m'annonce que le chauffeur est malade et qu'il ne viendra pas. Ils n'ont pas trouvé de remplaçant au pied levé. « Tu sais conduire ? » me demande-t-elle. Hors de question de lui avouer que je suis mineur et que, par conséquent, je n'ai pas mon permis, sinon adieu les 2 000 francs… Mes seules leçons de conduite, je les ai prises avec mon père, grâce ou à cause de sa Lada toujours en panne et j'ai aussi fait quelques manœuvres sur le parking du supermarché le samedi ou le dimanche soir ; je me dis que suivre une marche, en voiture, en ligne droite, à 4 kilomètres-heure, c'est jouable. Et si la police m'arrête ? Là encore je me rassure : une marche de jeunes, un véhicule « logoté » aux couleurs du journal *L'Alsace*, ce serait le diable s'ils venaient faire de l'excès de zèle ! Je me dis aussi que je parais plus que mon âge : les cicatrices de la vie vous font souvent sembler plus âgé que vous l'êtes. Je réponds à Brigitte que oui, je sais conduire. C'est ainsi que, pétri autant de mensonges que de bonnes intentions, je me présente à l'accueil du journal pour récupérer les clés. Ayant été prévenu par téléphone, le réceptionniste ne me demande ni carte d'identité ni permis.

Je m'apprête à mettre le contact lorsque deux gendarmes mobiles s'approchent de la portière du véhicule. Sueurs froides. Le cœur battant, je leur explique que je suis pigiste à *L'Alsace* et que j'accompagne les jeunes pour couvrir l'événement et les encourager durant le trajet. Ils ne me demandent rien d'autre. L'un d'eux se contente de préciser : « Vous conduisez derrière le cortège de jeunes, une moto et un véhicule de la gendarmerie fermeront le convoi. » Ils s'éloignent et enfourchent leurs deux-roues. Je peux respirer ! Je démarre, avance lentement, prenant soin de garder mes distances tout en animant la marche et en improvisant autour du texte préétabli sur l'historique et les objectifs de cette manifestation, que j'ai pris le temps de lire avant.

À la pause-déjeuner, je ne peux éviter les gendarmes, qui viennent bavarder avec moi. Je leur explique que cette journée est un clin d'œil à mon passé, mesurant chacun de mes mots. J'en ressors satisfait et soulagé : ma langue n'a pas fourché !

Lorsque le cortège arrive au foyer de Colmar, j'éprouve la satisfaction d'une bonne action accomplie, mais, paradoxalement, je n'ai qu'une envie : repartir tout de suite pour ne pas participer à l'inauguration. Parce que pour moi qui sais ce qu'est le quotidien d'un foyer, qui sais dans ma chair ce que ces enfants vont vivre, je ne considère pas l'ouverture de ce lieu comme un moment de réjouissances. Je ne veux pas non plus que les larmes me montent aux yeux si, malencontreusement, des souvenirs douloureux refaisaient surface sans crier gare. Je n'ai pas envie qu'un journaliste m'interroge au détour d'un couloir dans le seul but d'alimenter sa chronique. De tout ça, je ne veux pas et je cherche la sortie du regard.

Mais tandis que je reprends des couleurs, je réalise que je dois désormais rentrer seul, sans l'escorte de gendarmes, qui, quelque part, m'assurait l'immunité (on n'arrête pas un véhicule accompagné par les forces de l'ordre pour demander son permis au conducteur !). À l'aller nous avions traversé des villages, marché sur des départementales. Au retour, il me faut emprunter l'autoroute. Je panique : je n'ai pas peur de me faire arrêter mais d'avoir, ou de provoquer, un accident. J'ai presque envie d'avouer mon crime : « Oyez bonnes gens, je suis mineur et ne suis pas titulaire du permis de conduire ! Ramenez-moi sain et sauf entre deux gendarmes s'il vous plaît ! » Mais je me tais, je reconduis prudemment le véhicule, collant sur ma droite, conduisant à la vitesse minimale, ramassant au passage une kyrielle de klaxons, telle la petite vieille qui avance au pas de l'escargot. Je rends les clés, je rentre chez moi. Ma facture exorbitante m'aura fait suer sang et eau !

Avoir abandonné le rap ne m'a pas éloigné de la chose musicale. Les premiers courants de musique électronique, lancés par Ceronne ou Jean-Michel Jarre, suscitent mon intérêt. Les rayons lasers commencent d'ailleurs à faire florès dans les discothèques et, avec deux copains, nous commençons à surfer sur cette nouvelle vague. Nous avons la chance de pouvoir emprunter ou utiliser le matériel de la radio et, à l'aide d'un petit clavier et d'un ordinateur, nous nous engageons dans la musique électronique. De fil en aiguille, je passe derrière les platines, je commence à mixer, à animer des soirées dans les bars.

10

L'émancipation

1998. J'ai 18 ans, je suis majeur. Je vis encore chez mon père et partage toujours ma chambre avec mon aîné et le travailleur immigré logé chez nous. Je passe mon permis de conduire, je suis en terminale, mais, du fait de mon manque d'assiduité en cours, je repique mon année. Pour la première fois, plutôt que de suivre mes amis forains, je tente ma chance et postule dans une pizzeria parce que, enfin, je peux signer un contrat de travail. Pour la première fois de ma vie, aussi, je tombe amoureux. Ma professeure d'anglais est jeune et belle, et, comme tous mes copains de classe, je partage le fantasme d'aller plus loin avec ma prof. Je ne m'associe pas à leurs commentaires, je la rêve en silence. Voilà des cours que je ne rate jamais ! Mes progrès dans la langue de Shakespeare ? La Bérézina ! Perché sur mon nuage, je couve ma professeure d'un regard languissant, sans rien entendre des articulations du monde d'en bas ! Peu à peu je lui fais comprendre, par mon attitude ou des sous-entendus discrets, qu'elle me plaît. Un jour, j'ose lui proposer d'aller prendre un verre et elle accepte. Nous commençons à nous voir en dehors du lycée, ce qui – soit dit en passant – ne l'empêche pas de me massacrer dans les notes.

Comme je n'ai pas eu de réponse à ma demande d'emploi dans une pizzeria, j'en conclus que ma candidature n'a pas été retenue et nous partons ensemble en vacances au Portugal. Nous descendons dans un hôtel à Braga. C'est l'année du mondial de football et la France décroche le titre de championne du monde, je suis aux anges ! Le reste, la découverte de la France « black-blanc-beur » : je n'ai pas attendu les embrassades sur les Champs-Élysées pour me rendre compte qu'il y a de belles choses et beaucoup de potentiel dans cette France plurielle. Même si – je ne suis pas un benêt – je vis au quotidien la violence, la drogue et le racisme dans mon quartier. Au moment où sur le fronton de l'arc de Triomphe apparaissent la photo de Zinédine Zidane et le slogan « La victoire est en nous », j'ai une pensée pour tous ces jeunes, comme par exemple Kamel, un copain des Coteaux qui a loué un box où il fait des pizzas. C'est un bosseur, il est parti de rien, mais il en veut et ça marche très fort ; pourtant, combien d'affronts a-t-il essuyés ? Combien de fois s'est-il fait refouler des discothèques ou de soirées ? Estampillé « Quartiers ». Estampillé « Arabe ».

Comble du bonheur, alors que je me gargarise de la victoire de la France, le téléphone sonne : ma candidature au poste de livreur de pizzas a été retenue, je commence le 1er août. À ce moment précis, je vis une espèce de plénitude, c'est l'alignement parfait des planètes dans mon ciel : l'amour, un travail, la France championne du monde de foot, je suis sur un nuage !

Rentré aux Coteaux, je commence mon nouvel emploi. Enthousiaste, je ne me contente pas de « faire mon boulot pour ramasser ma paie », mais, une fois mes repères pris, j'entreprends de me poser des défis. Nous sommes deux livreurs de pizzas et je lance la compétition en me fixant l'objectif d'aller plus vite que mon binôme pour gagner plus de pourboires que lui. Comme je suis heureux d'être là, rien n'est une corvée : je suis naturellement poli, toujours souriant, dynamique et, je l'avoue, je joue un peu de mon charme, plusieurs personnes m'ayant complimenté sur mes beaux yeux.

Septembre puis octobre s'enchaînent et je jongle tant bien que mal entre mes cours et mes extras à la pizzeria. Le temps se rabougrit, il commence à pleuvoir, à faire froid, mais je n'ai pas trop le choix puisque mon salaire me permet de soutenir ma famille et financer ma scolarité. Les aides sociales virées sur le compte de mon père partent en fumée pour éponger les dettes et payer les frais liés à notre bonne vieille Lada. Après toutes ces années de déboires financiers, le stress finit par ronger mon père, qui tombe malade et est déclaré en invalidité partielle. La faible pension perçue, de l'ordre de 3 000 francs, ne peut suffire aux besoins de la famille. Arrêter complètement mon travail, c'est nous condamner à la précarité et je n'ai plus aucune envie de nous voir revenir à notre situation antérieure, l'époque où j'étais obligé de voler pour manger. Ainsi, pour au moins rester au chaud durant les mois d'hiver, je propose mes services en cuisine. Mon patron étant satisfait de mon travail, il me donne ma chance en qualité de pizzaiolo.

Toujours porté par mon esprit de compétition, et soucieux de m'instruire et progresser là où je suis, j'apprends à faire les pizzas. Peu de temps plus tard, je passe aux prises de commande par téléphone. Un autre aurait trouvé cela ennuyeux et répétitif, pas moi ! Je travaille en mode « valeur ajoutée », c'est-à-dire qu'en plus de l'amabilité, la rapidité, l'efficacité, je propose à la clientèle d'ajouter un dessert, du vin ou une boisson au panier-repas. J'accepte parallèlement les remplacements des employés durant leurs jours de congé hebdomadaires. Je donne satisfaction à mon patron, qui me promeut assistant manager.

Je prends ma tâche très à cœur et m'applique sur les détails, faisant primer l'exigence et la qualité. Par cette méthode, je fidélise la clientèle, j'élargis le cercle de mes connaissances et continue de compléter mon carnet d'adresses. J'ai de bons contacts avec la BAC, dont les hommes passent régulièrement dans le cadre de leur ronde. Nous échangeons, j'apprends à les connaître, loin des idées reçues et du parti pris qui font que la police, c'est l'ennemie des quartiers, qu'elle est là pour contrôler les papiers au faciès.

Lorsque je m'autorise un peu de temps libre, je fréquente régulièrement la patinoire de Mulhouse. Par l'intermédiaire de NRJ, j'y assure une animation et je leur propose d'organiser une soirée discothèque test, par exemple un vendredi en me mettant derrière les platines. L'animateur me prend au mot et NRJ me prête le matériel. Minutieux, perfectionniste, voulant donner le meilleur de moi-même, je prépare très sérieusement l'événement, passe des airs sur lesquels parents et enfants patinent dans une bonne ambiance, sous l'éclairage de lasers et de stroboscopes. Le succès est au rendez-vous et les clients en redemandent, au point que je propose d'assurer l'animation tous les vendredis et samedis. On patine à guichets fermés.

Avec mon souci constant d'aller au fond des choses que j'entreprends, je commence à m'intéresser aux rouages de la patinoire et mets en œuvre une rencontre avec l'adjoint aux sports de la ville de Mulhouse, qui porte à bout de bras le tissu associatif local et a des convictions affirmées en ce sens. Je me lie rapidement d'amitié avec lui.

En plus des soirées discothèque, j'anime également les matchs de hockey en assurant les plages musicales pendant les temps morts… et une bagarre, c'est un temps mort ! Facétieux, j'ai l'idée de passer *Petit Papa Noël*, de Tino Rossi, pendant une rixe entre équipes. Le public rit, applaudit, chante avec moi ; évidemment, cela n'amuse pas les joueurs ainsi tournés en dérision, au point qu'ils m'envoient leur crosse ou leur palet, m'obligeant à fermer ma cabine pour parer un coup fatal. Devant le succès de cet épisode, dont on parle encore les jours suivants, je persiste et signe avec ce moyen cocasse de mettre de l'ambiance ! Je finis très fièrement par entrer au conseil d'administration du Hockey Club de Mulhouse, classé en élite, la plus haute division. Au cœur du dispositif, je commence à connaître l'envers du décor, les rouages administratifs, mais aussi la politique de la Ville et l'importance du carnet d'adresses…

Je suis heureux, car je fuis mon quotidien bardé de soucis et de contrariétés, parce que l'ennui m'angoisse... Pour l'heure, je n'ai aucune idée de ce que je veux faire plus tard, mais en attendant, grâce à mes trois feuilles de salaire, je me mets à la recherche d'un logement, histoire de quitter l'appartement de mon père.

Je trouve un petit studio de 20 mètres carrés au rez-de-chaussée d'un immeuble du quartier. L'endroit doit être un ancien débarras ou un local à vélos réaménagé mais qu'importe : le loyer est plus qu'abordable et j'y gagne ma liberté. Plus de comptes à rendre, je rentre chez moi quand je veux et peux faire ce dont j'ai envie, par exemple recevoir mon amoureuse – toujours ma prof d'anglais – dans un espace rien qu'à nous. J'achète aussi ma première voiture, une Golf marine. Je m'émancipe.

Lors de cette dernière année au lycée, nous sommes à la veille d'une grande manifestation contre le gouvernement Balladur et, avec des copains du lycée, nous décidons de nous joindre au mouvement mais en mettant sur pied la « grève sans casse ». Je n'ai jamais participé à aucune manifestation de ce type, mais, toujours partant pour l'aventure, je me joins à la bataille parce que l'idée même de « grève sans casse » m'inspire. Quand on vit dans les quartiers, lorsqu'un abruti décervelé détériore du mobilier urbain, il y a toujours un autre abruti qui paie pour cette casse. Et moi, je respecte les abrutis qui paient des impôts, ces derniers permettant de réparer ce qui est endommagé, de nous soigner, d'accéder à l'éducation laïque et gratuite, d'obtenir des aides sociales. Par ricochet, je suis pour le respect et condamne toutes ces dégradations dont nous sommes trop souvent victimes et qui génèrent une dépense publique inutile. Parce qu'il y a des gens, comme notre famille, qui ont de réels besoins d'aide mais qui vivent paisiblement et ne cassent rien. L'argent qui sert à restaurer les choses détruites, je préfère qu'il aille dans la bourse des indigents. Ajoutons à cela que M. Balladur n'est pas non plus un personnage hilarant qui sait parler aux jeunes avec des *give me five* en guise de salut !

Notre manifestation à thème rencontre un franc succès : nous récupérons les lycées, les collèges et faisons corps avec les étudiants des universités. Nous défilons en tête, sans casse. Je m'intéresse également au motif de notre action, auquel j'adhère : pour nous, le but est d'envoyer un message au gouvernement, notamment au ministre, sur la dureté de sa réforme et son mépris de cette jeunesse, parce que la politique est menée par des hommes déconnectés des réalités, enfermés dans leur tour d'ivoire, et qui ont tout simplement oublié qu'à un moment eux aussi ont été jeunes. La presse locale souligne cette manifestation réussie. Le commissaire est enchanté et nous sommes satisfaits d'avoir porté nos revendications, d'avoir prouvé que l'on peut faire passer un message sans mettre une ville ou un quartier à feu et à sang.

1999. Si je décroche enfin mon bac, ma petite Golf me permet de prendre un nouveau virage. Depuis l'acquisition de cette voiture, j'ai régulièrement changé de véhicule et je finis par m'intéresser à ce secteur. Le hasard d'une offre d'emploi parue dans le journal *L'Alsace* fait le reste : « Concessionnaire Seat recrute jeune vendeur confirmé. » Pourquoi ne pas faire de la voiture un métier ? Je repense à mon copain chez Opel, beau gosse, qui porte toujours un super costume et a l'air de bien gagner sa vie. Il n'a pas un niveau d'études supérieur au mien, donc ça doit être accessible…

Je réponds à l'annonce et me voilà convoqué à un entretien d'embauche, au terme duquel le patron de la concession me lance : « Vous n'avez aucune expérience en matière de vente de véhicules. » Je réponds par une logique implacable : « Non, certes, mais je suis un passionné de voitures et un passionné, par définition, s'améliore toujours. D'autre part, vous êtes couvert par la période d'essai et par conséquent vous ne courez aucun risque : si je ne conviens pas, vous ne me gardez pas. Enfin, comme je suis rémunéré à la commission, si vous m'embauchez, mon salaire fixe est tellement bas que si je ne vends rien je ne vous coûterai pas un centime de plus. » Ma tirade débitée, je me dis que j'y suis peut-être allé un peu fort. Contre toute attente, il me répond : « Alors voyons ça ! Vous commencez le 14 septembre. » C'est ainsi que je démarre mon aventure professionnelle dans l'automobile.

11

Seat puis Audi, et DJ le week-end

La concession Seat se situe comme il se doit dans une zone commerciale. Je rencontre mon binôme, qui me fait faire le tour du propriétaire de manière plutôt expéditive : « Là c'est mon bureau, là c'est le tien. » Le sien, c'est le plus grand ; le mien, le tout petit. Ma première corvée, pour en prendre possession, est de ranger tout le capharnaüm qui s'y empile. Le fier Artaban poursuit : « Quand je vais aux toilettes, si quelqu'un entre, tu l'installes dans mon bureau et je prends le relais. » J'ose objecter : « Avec tout le respect que je te dois, j'ai été embauché pour vendre des voitures, pas pour faire hôtesse d'accueil. » Il sort de ses gonds, vire au rouge écrevisse et tourne les talons pour aller s'enfermer dans le bureau du patron. Il parle si fort que j'entends ses propos : « C'est quoi ce petit con que tu m'as mis dans les pattes ? Tu me le vires tout de suite. » Le directeur temporise : « Laisse, il est en période d'essai. » Je comprends que je ne me suis pas fait un ami pour la vie et que nous ne partirons pas en vacances ensemble !

Le 1er octobre, soit quinze jours après mon embauche, j'ai déjà vendu une vingtaine de voitures, dont ce qu'on appelle le « déstockage ». Ma technique ? Je parle au client comme j'aimerais qu'on me parle ! Mes méthodes peu orthodoxes rendent mon binôme – au demeurant vendeur automobile plus expérimenté que moi – furieux au point qu'il cherche à mettre fin à ma période d'essai le plus vite possible ; sans aucun succès d'ailleurs, mon patron étant plus que satisfait de mes résultats. La valeur n'attend pas le nombre des années…

En face de notre concession, la « rivale » Audi a du mal à ferrer les clients, qui traversent souvent la rue pour finir chez nous. Fréquemment je les entends dire : « Oh ! Ces vendeurs chez Audi, ils ne nous ont même pas calculés ! » Je me sers de cette aubaine pour répondre : « Venez, je vais vous expliquer quelque chose ! » Je soulève le capot d'un de nos véhicules et je montre les logos Audi sur le moteur en précisant : « Vous voyez ? C'est la même mariée, simplement elle n'a pas la même robe. » Ce n'est pas du baratin de colporteur, je montre simplement les logos avec une explication claire et sans ambiguïté, vérifiable par tout un chacun. Les semaines passent et je vends. Je vends toujours plus de Seat, au grand dam de mon binôme arrogant ; au point qu'un jour notre « concurrent » Audi finit par me débaucher. C'est ainsi que je démarre une nouvelle aventure en janvier 2002.

La concession Audi est un peu plus grande que celle que je viens de quitter et mes collègues ont tous de beaux bureaux… mais pas moi. En guise de bienvenue, on me place à l'entrée. Comme leur prédécesseur chez Seat, ils pensent sans doute que les clients dès leur arrivée dans les lieux vont me demander un vendeur, ou l'après-vente, et que le larbin de service va les envoyer chez l'un ou l'autre. Ils ignorent qu'en réalité cet emplacement me ravit, parce qu'il offre le premier contact avec la clientèle. Fais de ta faiblesse une force : ce que mes collègues pensent être un obstacle, j'en fais un atout. J'ai le plus grand bureau de la concession parce que directement ouvert sur l'entrée. Aux premières loges, je suis le premier contact, le trait d'union entre le client et les véhicules, je maîtrise tout d'un simple coup d'œil. Fort de mon expérience chez Seat, qui m'a appris les failles des vendeurs de la concession Audi, j'évite ces mêmes écueils et je réussis.

Mon succès est quelque peu assombri par ma première rupture sentimentale, mon histoire d'amour avec ma professeure d'anglais n'ayant pas surmonté les complications et les obstacles. Je convertis une fois encore cette faiblesse en force : cela va me libérer du temps… Mon ami Alex, animateur radio, est DJ au Planet Discopolis, qui vient d'ouvrir ses portes à Mulhouse et qui peut accueillir 2 000 personnes. Il me propose de mixer avec lui les week-ends dans l'une des petites salles de ce complexe : je suis partant !

Le vendredi soir, je quitte la concession Audi à 19 heures et, le temps d'une sieste et d'une douche, je file à la discothèque vers 21 heures. La mouvance électro révèle de nouveaux talents tel David Guetta. Je découvre ce qu'est la Sacem, je m'intéresse de plus près aux droits d'auteur et à la promotion des artistes et ainsi nous installons en bonne place dans le programme musical ceux pour qui nous avons un coup de cœur.

À ce rythme, on finit par ne plus avoir d'heure à force de travailler la semaine, de se coucher aux aurores et dormir jusqu'à tard dans la journée. Au point qu'un jour je décide de m'autodiscipliner pour ne pas devenir un bout de viande qui ne sait plus distinguer l'est de l'ouest. Je me fixe des règles : quelle que soit l'heure à laquelle je me couche, je m'astreins à me lever à midi et, avec des copains, nous nous retrouvons sur le terrain de foot pour un bon décrassage. Ce qui fait que le dimanche à 18 heures je suis K.-O., je tombe telle une souche pour me réveiller le lundi matin frais comme un gardon et commencer ma semaine chez Audi dans de bonnes conditions.

J'enchaîne à un rythme effréné entre le jour et la nuit, mais rien n'est une contrainte pour moi, car je vis de mes passions : travailler chez Audi et mixer en discothèque. Je cumule deux métiers qui me comblent. Mon emploi me permet d'agrandir mon cercle de connaissances, de changer souvent de voiture puisque je gagne très bien ma vie : mon acharnement à la tâche m'assure un revenu mensuel de 15 000 à 20 000 francs, une somme énorme. Combien de briques de lait à 2,50 francs pourrais-je acheter aujourd'hui ! Si je reste toujours solidaire de ma famille, j'apprécie l'allègement de la charge puisque mon aîné et mon cadet ont quitté le domicile. Je peux dire que je suis enfin heureux.

12

Le Club Med

Nous sommes en 2003. Des membres du Club Med Artists viennent régulièrement au Planet et Vincent, un ami qui a déjà animé et travaillé pour l'enseigne, me propose un jour d'aller mixer au Club Med à Djerba en juillet. Nous ne serons pas rémunérés, mais, en contrepartie, l'enseigne couvre tous les frais. Dépaysement, soleil, vacances tous frais payés, avec pour seule obligation de mixer quelques soirs, ma décision est vite prise ! Par un changement de dernière minute, la destination n'est plus Djerba mais Corfou. Qu'importe ! Je signe des deux mains.

À notre arrivée on nous conduit à notre case, baptisée « Étalon », appellation pour le moins évocatrice s'agissant de deux célibataires. Bien vite, je me sens mal à l'aise dans cette ambiance glauque, dont les mots d'ordre sont beuveries, coucheries et excès en tous genres. J'assiste à des scènes déplacées et vulgaires, comme ce jour où je me fais accoster par une fille qui sort d'un buisson, se dirige vers moi et me lance : « Allez, on y va ? », tout en montrant l'endroit d'où elle est apparue. Cette succession d'épisodes peu ragoûtants ne m'inspire qu'une envie : rentrer à Mulhouse. Vincent me fait temporiser, les filles arrivant la deuxième semaine n'auront peut-être pas le même profil.

Trois jours plus tard, le bus venant de l'aéroport nous délivre son nouvel arrivage de vacanciers à bracelet. Deux filles, un peu timides, un peu perdues, sortent du lot. Pour Vincent comme pour moi, c'est le coup de foudre immédiat et, heureusement, pas pour la même. Nous les suivons du regard, nous observons leurs réactions et, bien sûr, nous tentons d'en savoir plus dès le premier soir. Devant un verre, nous apprenons qu'elles sont toutes deux étudiantes à Paris, qu'elles ont choisi cette formule de vacances un peu par hasard et, constatant l'ambiance du lieu, ne se sentent pas vraiment à leur place. Le charme agit à tel point que je n'ai plus envie de rentrer à Mulhouse, Vincent non plus. Nous sympathisons avec elles et, en dehors de nos obligations de mixage, nous passons beaucoup de temps ensemble à explorer les environs.

J'en suis à goûter ces moments magiques lorsque Khalid El Quandili m'envoie un message aussi inattendu que digne d'un conte merveilleux : le président Chirac invite à la garden-party de l'Élysée la vingtaine de jeunes qui sont partis à Atlanta dans le cadre du programme sur la diversité et l'égalité des chances ; la ministre de la Défense, Michèle Alliot-Marie, souhaite honorer les premiers « réservistes civils à la jeunesse et à la citoyenneté », dont je fais partie. L'idée est de présenter tous les métiers proposés par l'armée et de prouver que chacun peut y trouver sa place, quel que soit son niveau d'étude et de formation. Pas d'obligation de signer pour du long terme :

l'armée forme les jeunes à un métier et ceux qui souhaitent partir à l'issue de leur engagement sont libres de le faire. Cerise sur le gâteau, Khalid El Quandili m'apprend que cette année la garde royale marocaine défilera sur les Champs-Élysées et il aimerait me présenter au roi Mohamed VI. Rien que ça ! Hébété, je digère la nouvelle… C'est ainsi que je quitte le Club Med et me rends à Paris pour l'occasion.

La capitale, j'y étais déjà allé avec l'un de mes amis alors que j'avais 13 ans. Il m'avait rassuré par ces mots : « Mon père, quand il vient d'Algérie, il va à Barbès. » N'y connaissant rien, je lui avais fait confiance et l'avais suivi dans un hôtel aux allures plutôt sordides. Quand le réceptionniste, aussi inquiétant que l'endroit, avait appris notre âge, il avait refusé de nous donner une chambre. Comme il nous voyait perdus, il avait griffonné le nom et l'adresse d'un autre hôtel sur un Post-it. Là, je me souviens qu'à l'accueil nous avions croisé une créature provocante en jupe, dont l'œillade appuyée à mon copain avait fait augurer une belle conquête à ce dernier. Je lui avais soufflé à l'oreille : « Si tu regardes bien elle a une pomme d'Adam alors je ne suis pas sûr que ce soit une fille. » Douche froide pour lui… Nous avions gagné notre chambre, équipée d'un lit double et d'un lit simple. Mon copain avait sauté sur le grand en clamant : « Celui-là, il est pour moi ! » Fair-play, j'avais pris le petit. Quand mon ami avait retiré la couverture il découvrait, écœuré, une tache en plein milieu du drap. J'avais immédiatement ouvert le mien, soulagé de trouver des draps propres. Il était clair que le couple qui avait dormi là avait préféré le grand lit. Voilà l'histoire de mon premier séjour dans la capitale…

Pour l'instant, le temps presse et, dès mon arrivée à Paris, je cours les boutiques pour m'acheter un costume décent, le bermuda et la chemise à fleurs du Club Med n'étant pas vraiment appropriés à une invitation dans les jardins de l'Élysée. Puis je prends un taxi pour me rendre à la garden-party. Je découvre un parterre de généraux, de gendarmes, de gens en uniforme, repère le président Chirac et la ministre de la Défense, ainsi que d'autres membres du gouvernement. Je suis impressionné, pour ne pas dire paralysé, vissé sur place ! En observant de loin les généraux, le sourire me vient aux lèvres à l'évocation d'un souvenir : j'ignorais qu'il y a une classification parmi eux, visible grâce au nombre d'étoiles sur leurs épaulettes ou leur képi. Le général en charge de la zone Terre Nord-Est, ayant eu vent de mon invitation à la garden-party, m'a laissé un message téléphonique pour me proposer de nous rencontrer à cette occasion. Je rappelle le numéro indiqué et tombe sur son assistante. Je demande à parler au général en question. Elle me répond qu'il est très occupé, m'explique poliment qu'un général cinq étoiles ne prend pas ainsi les gens au téléphone, sans rendez-vous… Ignorant les conventions, je me souviens d'avoir répondu le plus simplement du monde : « Ce n'est pas grave, s'il est débordé, passez-moi un quatre étoiles… Sinon un trois, ça fera aussi bien l'affaire ! » Ma réplique avait fait rire cette femme, qui avait trouvé ma naïveté « trop mignonne ».

Jacques Chirac passe à côté de moi, serrant les mains avec sa vigueur coutumière et le plaisir sincère qui le caractérise. Je l'ai déjà vu à la télévision, lorsqu'au Salon de l'agriculture il se lance avec bonheur dans un bain de foule, boit des bières et goûte aux spécialités du terroir avec gourmandise. La réalité est là : cet homme ne joue pas un rôle, sa passion des gens est inscrite dans son ADN.

Le président fait un discours sur l'engagement de la jeunesse envers nos forces et je m'imprègne de sa justesse de pensée concernant les banlieues et la fracture sociale. Près de lui se trouve Jean-François Lamour, double médaillé olympique au sabre et à présent ministre des Sports.

Son discours terminé, Jacques Chirac traverse la foule. J'ai envie de m'approcher de lui, de le remercier pour le voyage à Atlanta et, si j'ose, lui demander un autographe ; un conseiller me devance en venant nous chercher pour nous présenter à lui. Avec son enthousiasme légendaire, le président s'exclame : « Ah ! mes petits jeunes de banlieue ! » Avant que j'aie eu le temps de réaliser ce qui m'arrive, il me prend dans ses bras, me serre contre lui puis me retourne, place ses mains sur mes épaules et, comme s'il voulait lancer la danse de la chenille, il me dit : « Allez hop ! on y va, tout droit ! » Ses gardes du corps nous font une haie d'honneur pour favoriser notre passage dans la foule. Je sens ces grandes mains vigoureuses sur mes épaules, qui nous conduisent dans les couloirs de l'Élysée jusqu'à ce qu'il s'arrête et nous annonce : « Ça, c'est mon bureau. »

Il commente un ou deux meubles, un ou deux objets. Nous sommes tous cloués là, nous jeunes de banlieue, impressionnés par le moment que nous vivons. Peu à peu, la timidité s'estompe. Nous évoquons ensemble la fracture sociale, les sites pilotes, il nous parle d'égal à égal, nous demande notre avis, nos impressions, nous interroge sur notre vie dans les quartiers, passionné et passionnant. Pas un mot convenu ne s'échappe de sa bouche, simplement des mots justes et sincères qui vous mettent à l'aise et vous vont droit au cœur. Après notre discussion, c'est le moment des autographes et des photos ! Un rêve éveillé. Perdu dans mon lit, dans un dortoir de foyer, aurais-je imaginé vivre un tel instant un jour ?

Nous sommes le 18 juillet, je retrouve mon étudiante parisienne qui revient de Corfou et nous profitons de mon séjour à Paris avant mon retour à Mulhouse. Elle a remarqué que je tourne comme un lion en cage, que ma vie là-bas est trop exiguë pour moi, que j'ai une énergie à dépenser, une soif de vivre et que je m'obstine à voir le monde à travers un prisme différent. Elle doit m'entendre réfléchir puisqu'elle a aussi compris que des chaînes me retiennent prisonnier à Mulhouse. Un soir, elle me lance : « Libère-toi et viens vivre à Paris, c'est là qu'est ta chance ! »

J'y réfléchis, parce qu'elle a dit tout haut ce que je pense tout bas depuis bien longtemps. Je me répète la citation de Virgile : « La fortune sourit aux audacieux ! » Puis celle de Danton : « De l'audace, encore de l'audace, toujours de l'audace ! » Les audacieux ont-ils de la chance ? À y réfléchir, je n'en ai pas été privé. Dans mon malheur, j'ai souvent eu des opportunités, comme toutes les rencontres que j'ai faites et qui m'ont ouvert des portes ; je suis souvent passé à travers les mailles du filet, comme la simple anecdote du lit taché dans une chambre d'hôtel à Barbès. Je finis par me convaincre que Mulhouse est trop étroite, ma barre d'immeuble m'empêche de voir l'horizon. La chance, j'ai compris depuis longtemps qu'il ne faut pas attendre qu'elle frappe à votre porte, il faut aller la chercher avec les dents. Où la trouver ? Elle est à chaque coin de rue et, si l'on aime la vie, si l'on est curieux, si on démultiplie les actions positives, on tombera forcément nez à nez avec elle. J'ai toujours refusé la fatalité, j'ai toujours été persuadé qu'à cœur vaillant rien d'impossible. Ça, ce n'est pas moi qui l'ai dit, mais Jacques Cœur, qui en a fait sa devise. Fils d'un modeste marchand, n'a-t-il pas connu une ascension fulgurante jusqu'à être nommé argentier du roi Charles VII ? Virgile, Danton, Jacques Cœur : s'ils l'ont dit avant moi, je veux bien y croire moi aussi ! Sans compter que se forge en moi l'envie d'un avenir auprès de la femme qui est entrée dans ma vie et s'est ancrée dans mon cœur amoureux…

J'achète machinalement le magazine *L'Argus*, tourne les pages jusqu'à tomber sur les offres d'emploi. Le mot Seat, dans une annonce, me saute aux yeux : « Seat recrute vendeur expérimenté. » Le concessionnaire se situe dans le 17ᵉ arrondissement de Paris. Je sais que c'est là qu'est mon destin, ou au moins son tremplin ! Je prépare cet entretien qui peut changer ma vie, j'active tous mes contacts afin d'être mis en relation directe avec les recruteurs. Durant l'entrevue, j'ai à cœur de prouver ma valeur et le verdict tombe tout de suite après : je suis embauché. Nous sommes en janvier 2004 et je fais le bilan : j'ai rencontré l'amour au mois de juillet à Corfou et en décembre je quitte Mulhouse pour Paris. Fini les chemins de traverse, j'emprunte l'autoroute !

13

Installation à Paris

Lorsque j'arrive à Paris, mon amoureuse me prévient : « Attention, tu t'attaques à un terrain de jeu qui n'est pas Mulhouse. » Je savais, avant de débarquer dans la capitale, que je serais un anonyme parmi des millions d'autres, une goutte d'eau dans un océan. En contrepartie, je sais aussi qu'il y a là un bouillonnement d'idées, des défis à relever, qu'il me faut être compétiteur pour me hisser au niveau de mes rêves. J'ai l'impression que toutes les portes sont ouvertes, il suffit de prendre son courage à deux mains et d'en franchir le seuil. Tant de possibilités que n'offrent pas des villes comme Mulhouse, aux confins trop étroits. Je veux enfiler les bottes de sept lieues parce que Paris m'hypnotise. Je suis fasciné par son architecture, par les façades d'immeubles haussmanniens, tout y est plus beau, plus harmonieux et à des années-lumière de ce que j'ai connu à Mulhouse. Pour me laisser le temps de me retourner, mes futurs beaux-parents me proposent de m'accueillir chez eux. Je fais la connaissance de ma belle-mère, ultra-présente, ultra-disponible, ultra-maman. Mon futur beau-père, amateur de très bons produits, est capable de faire le tour de Paris pour acheter la meilleure baguette, le meilleur chocolat ou les meilleurs plats de traiteur. Il m'emmène dans ses virées et je découvre alors la capitale comme un enfant déballant ses cadeaux de Noël.

Un jour où je l'accompagne place Saint-Sulpice, je croise l'acteur Pierre Arditi, qui a bercé toute mon adolescence par ses films et que j'admire encore plus depuis que je m'essaie au théâtre. Impressionné, tant par la soudaineté de l'apparition que par le personnage, je n'ose lui adresser la parole. Au même moment, une voiture s'arrête près de lui ; la conductrice baisse sa vitre et, tout naturellement, je me dis qu'elle l'a reconnu et va lui demander un autographe. À ma grande surprise, elle lui demande sa direction. Le plus aimablement et le plus simplement du monde, Pierre Arditi lui indique son chemin. Scène surréaliste, en parfait décalage avec le souvenir que je garde des stars présentes à la garden-party de l'Élysée, inaccessibles et, pour certaines, bien hautaines. Je n'en suis que plus admiratif.

En attendant, et avec le souci constant de m'améliorer, je m'évertue à gommer mes solécismes comme « le frère à », « je monte à Paris », « au jour d'aujourd'hui », « voire même ». Je veux m'intégrer, progresser, apprendre encore pour ne pas faire plouc de province débarqué dans la capitale. Saint Augustin a dit : « Si tu es à Rome, vis comme les Romains ; si tu es ailleurs, vis comme on y vit. » Sage sentence que je m'applique !

Très vite, et même si l'appartement de mes futurs beaux-parents est spacieux, je rêve de liberté. Je n'aime pas dépendre des autres et, dès la première quinzaine, je me lance dans la recherche active d'une location. Mon enthousiasme tombe dans mes chaussettes lorsque je découvre les prix du marché, sans compter le montant des deux, voire trois mois de caution que je n'ai pas. Je revois mes prétentions à la baisse et me mets à visiter, visiter encore, dans l'espoir de tomber sur la perle rare. Mais ce qui me plaît n'est pas à ma portée, et ce qui correspond à mes moyens s'avère être un taudis. Étonnamment, je finis par dénicher un studio à Neuilly-sur-Seine qui me convient en tout point et que je peux assumer financièrement. Dans la foulée, je démarre ma vie parisienne, une nouvelle histoire commence !

Un jour, au hasard d'une conversation avec un client, j'apprends qu'il joue au golf avec un concessionnaire du groupe Audi Paris. Je lui fais part de mon expérience, précisant que je connais bien Audi pour y avoir travaillé et que j'aime beaucoup cette marque. Comme ce client connaît le patron d'Audi, il évoque avec lui nos échanges, ne tarissant pas d'éloges à mon sujet, allant jusqu'à lui conseiller de prendre un petit jeune dynamique comme moi dans sa concession. Sans que j'aie eu à jouer des coudes, un coup de fil m'annonce que mon nom a circulé et que le groupe Audi serait heureux de me compter parmi ses membres. Y voyant là une nouvelle opportunité, j'accepte la proposition et réintègre la marque aux quatre anneaux, et ce quelques mois seulement après avoir quitté Mulhouse.

Mon premier jour de travail se déroule à Montrouge, en banlieue parisienne, au siège de la concession. Ça part d'une bonne intention, mais moi, je préfère travailler dans un plus petit environnement, intra-muros, et plus précisément dans leur concession du 15e arrondissement parce qu'elle convient mieux à mes ambitions et que j'y ai trouvé mon bureau : le premier que l'on voit, le plus proche de la porte d'entrée, prêt à accueillir les clients. Je fais part de mon désir à mon patron, qui se moque un peu de moi parce que l'endroit dont je parle est un placard, avec un faible volume de ventes : 160 véhicules par an au maximum. Mais je suis déterminé et compte bien le démontrer ; ainsi, premier jour à Montrouge, premier client, première vente. Je reviens dans le bureau de mon nouveau patron et réitère ma demande. Il cède, je suis satisfait.

Autodidacte, et voulant progresser, je me porte volontaire pour suivre toutes les formations internes. Je pars du principe que nul ne naît avec la science infuse et que le champ des possibles est ouvert à tous. Il suffit de s'intéresser aux autres, à l'environnement dans lequel on évolue parce qu'on apprend d'eux ; alors j'écoute, j'observe, je me documente, j'apprends au travers des expériences du quotidien. Comme j'ai commencé à travailler très tôt, je suis rodé au monde du travail et il ne me fait pas peur. J'ai soif d'absorber la vie à Paris, d'être absorbé par elle et, pour ce faire, je déploie toutes mes forces. L'ascenseur social existe bien en France, mais il ne faut pas attendre sur le palier qu'il veuille bien s'arrêter à votre étage. Dans tout ce que j'entreprends, je me défends d'être superficiel, de n'avoir qu'un baratin de surface, je m'intéresse aux rouages de l'horloge parce que c'est là que le cœur bat. Ne jamais s'endormir sur ses lauriers... En me rendant à mon travail, j'écoute BFM Business et ce pour une raison toute simple : lorsque nous livrons une voiture, nous réglons la radio à la demande de nos clients et tous me réclament invariablement la fréquence BFM Business. La requête répétée n'étant pas tombée dans l'oreille d'un sourd, je me mets au défi d'écouter cette station afin d'emmagasiner toute information utile : sur les chefs d'entreprise, l'actualité économique, la Bourse. Une émission sur l'art culinaire, « Deux couverts », animée par le critique gastronomique Emmanuel Rubin, me permet de découvrir une palette de bonnes tables à Paris et d'alimenter mes échanges avec mon futur beau-père, toujours à l'affût de bonnes adresses.

14

Mon premier appartement

La vie est faite de surprises et de rencontres imprévisibles. Nous sommes en 2005 et, comme tous les midis, je file m'acheter un sandwich à la boulangerie du coin, toujours à pied parce que j'aime marcher et me laisser distraire par la vie du quartier. De retour à la concession, je trouve une femme examinant les voitures sans trop savoir sur laquelle fixer son choix. Je m'en approche et engage la conversation, apprends qu'elle est d'origine alsacienne, ce qui facilite le contact entre nous. Elle m'explique qu'elle voudrait acheter une Audi A3, mais pour ce faire il lui faudrait préalablement vendre un appartement dont elle a hérité deux ans auparavant et qui l'encombre plus qu'il ne lui sert. Je la prends au mot : « Ça tombe bien, je cherche pour ma part à acheter un appartement, vous à vendre le vôtre, nous pourrions faire d'une pierre deux coups ? » Ce que je ne lui avoue pas, c'est que j'ai l'envie, le culot mais pas l'argent. Renseignements pris, l'appartement se situe au 35, rue des Martyrs, dans le

9e arrondissement. Spontanément, je demande à visiter son bien et rendez-vous est fixé.

Lorsque j'arrive au bas de la rue des Martyrs, je vois le Sacré-Cœur se dresser en arrière-plan et dominer le paysage ; autour de moi, le monde grouille dans les rues, les boutiques et les restaurants complètent ce décor en effervescence. C'est le coup de cœur immédiat ! J'y retrouve ma vendeuse potentielle, accompagnée de sa mère, qui me fait l'historique du quartier, de l'immeuble, de l'appartement en question, lequel donne sur une petite rue calme avec vue sur un marronnier imposant. Je leur demande leur prix. À mon grand étonnement, la mère me répond par une autre question : « Combien proposez-vous ? » J'y vais au culot, alors que je n'aligne pas le moindre sou à poser sur la table et annonce un montant. Tandis que je m'attends à une négociation en bonne et due forme, elle tranche : « Comme vous êtes alsacien, c'est d'accord ! » Je téléphone à ma fiancée pour qu'elle me rejoigne et le visite à son tour. Même coup de cœur.

La promesse verbale conclue, ma future femme appelle son père pour lui annoncer la nouvelle. Lorsqu'elle indique l'adresse, c'est comme si la foudre, la grêle et les sept plaies d'Égypte s'abattaient simultanément sur nous. C'est peu dire qu'il désapprouve que sa fille, élevée aux bonnes manières de Neuilly-sur-Seine, aille habiter le quartier des prostituées. J'en prends pour mon grade, moi le provincial de Mulhouse qui compte emmener leur fille vivre dans un quartier de perdition ! Il a parlé si fort au téléphone que j'ai entendu son veto sans appel. Je balaie son « Non, pas question ! » par une réponse tout aussi ferme, adressée à ma fiancée mais assez fort pour qu'il l'entende parce qu'elle lui est adressée, à lui : « Écoute, je n'ai pas pour habitude de demander l'autorisation de faire quelque chose à mon père, alors je ne vais pas commencer avec le tien ! Ainsi, c'est simple : c'est nous qui achetons l'appartement, et s'il nous convient, c'est nous qui le payons ; alors, je ne vois pas pourquoi ton père vient mettre son grain de sel dans l'histoire. » Il nous raccroche au nez. Tout de même hésitant au fond de moi – ce n'est pas le moment de me prendre les pieds dans le tapis –, j'appelle immédiatement un ami notaire pour avoir son avis. Il me répond sans ambages : « Vu le prix fixé, ton appartement ne passera pas le week-end si cela s'ébruite. Il faut signer vite, très vite. »

Je reviens vers la vendeuse du bien, qui, entre-temps, s'est enhardie et m'annonce qu'elle souhaite également une reprise de l'électroménager. Tout en inspectant les appareils, qui ne sont plus très neufs mais de qualité, je tente le pari d'une acquisition du lot plutôt que de me retrouver face à une hésitation, voire une rétractation. Je lui fais une offre de reprise de 10 000 euros pour le lot, l'assurant que nous réalisons tous deux une bonne affaire : pour moi les appareils sont déjà installés et prêts à servir, pour elle il n'y aura pas de souci de débarras, voire de mise au rebut, souligné d'un « Vous ne les vendrez jamais à ce prix-là ». Elle accepte et me voilà propriétaire d'un appartement avec tout le nécessaire en électroménager, sans le premier sou en poche pour l'acquérir ! Cerise sur le gâteau, les beaux-parents appellent pour savoir si leur fille a renoncé à acheter ce taudis. Lorsque le père apprend que c'est acté, une nouvelle dispute s'engage entre eux, au point que ma fiancée finit par leur signifier qu'elle a 27 ans et qu'à présent elle fera sa vie à sa manière. Son père lui raccroche une nouvelle fois au nez.

Cette brouille familiale me met mal à l'aise, d'autant que mes futurs beaux-parents m'ont accueilli chez eux avec la plus grande bienveillance lorsque je suis arrivé à Paris. Ma fiancée en est elle aussi affectée, même si elle n'en dit rien et qu'elle me soutient. Ne souhaitant pas voir une ombre planer sur notre bonheur, je me dis que le meilleur moyen d'apaiser le conflit est de convaincre au moins ma future belle-mère de venir visiter l'appartement. Si nous arrivons à la persuader un tant soit peu, elle saura arrondir les angles à son tour avec son mari. Elle accepte et j'en suis soulagé. À notre grande surprise, mon futur beau-père l'accompagne le samedi suivant, un peu sur la défensive, certes, mais au moins je lui reconnais d'avoir fait l'effort. Un heureux hasard de circonstances fait qu'ils croisent des mamans et leurs enfants dans une effusion toute familiale, des habitants du quartier qui font leurs courses ou reviennent du marché. Comble de la chance, l'actrice Marina Foïs fait ses courses avec un enfant en poussette. Ma future belle-mère est aux anges. Plus loin, elle croise Stéphane Bern. À croire que je me suis payé des figurants de luxe, en planque jusqu'à notre passage et qui sortent tous au même moment pour faire bonne impression. Pour ma belle-mère, si Marina Foïs et Stéphane Bern fréquentent le quartier, il ne faut pas hésiter ! Mon beau-père lui aussi finit par se laisser convaincre. Je respire !

L'approbation des beaux-parents acquise, il me reste à trouver l'argent que je n'ai toujours pas. Je prends rendez-vous avec mon banquier et je marchande avec la plus grande conviction. J'y mets tellement de cœur, et d'arguments positifs en avant, que j'arrache le crédit espéré. Nous signons rapidement et me voilà propriétaire pour la première fois de mon existence ! Je n'en dors pas de la nuit. Je vois l'appartement, je me projette dans ses murs, dans notre vie au pied de la butte Montmartre. Nos futurs enfants y grandiront… Une famille… Je réalise que le remboursement du prêt consenti par la banque va s'étaler sur des années. Et qu'il va falloir rafraîchir les lieux… et acheter des meubles… La panique m'envahit : et si un aléa de la vie survenait ? Et si, comme mon père, je me retrouvais dépassé par les échéances ? Je connais trop cette précarité pour savoir que je ne veux pas la vivre. À la différence près que cette fois, je ne pourrais m'en prendre qu'à moi-même… Non. Je gagne bien ma vie, je suis sérieux et consciencieux, j'ai du courage, je n'ai jamais eu peur de relever mes manches… j'y arriverai ! Rassuré, je finis par m'endormir.

Un appartement de rêve, le mariage avec la femme de ma vie, un travail qui me passionne… Le petit jeune de province qui chapardait une brique de lait parce que l'argent manquait aurait-il pu l'imaginer ? Lorsque mon épouse et moi emménageons dans notre nid d'amour, je suis pleinement heureux.

J'ai pour voisine de palier une vieille dame, qui vit dans cet immeuble depuis des dizaines d'années ; elle ne manque pas d'anecdotes sur son histoire et ses occupants, certains étant plus connus que d'autres. Parmi eux, un certain petit Pierre Arditi, dont le père possédait un atelier d'artiste au quatrième étage…

Deux semaines après notre installation, et alors que je suis à la concession, on vient me voir : « Vite, il y a un client dehors, il est pressé, il ne peut pas attendre et demande à voir un vendeur tout de suite. » Je laisse tout en plan pour aller le servir et là, stupeur, je me retrouve nez à nez avec Pierre Arditi. Je le salue et lui demande, avant de parler voiture, si le 35, rue des Martyrs lui évoque quelque chose. Stupéfait, il me répond : « Bien sûr ! C'est là que j'ai grandi. Mais comment le savez-vous ? » Il a l'air intéressé, moins pressé que ce que l'on m'avait annoncé et je prends le temps d'expliquer : « Parce que j'habite au 35, rue des Martyrs, au deuxième étage. Ma voisine de palier, Mme Piat, m'a dit qu'elle vous connaissait très bien, que vous avez grandi dans l'immeuble. Elle m'a confié que quand vous étiez petit vous alliez regarder la télévision en noir et blanc chez elle parce qu'elle était la première du quartier à avoir un poste. » Ce retour dans le passé semble l'émouvoir ; je l'invite à prendre un café dans le salon d'attente client. Nous nous installons et, de fil en aiguille, Pierre Arditi partage ses souvenirs d'enfance. Nous parlons également de théâtre et de vin avant de nous quitter… Le soir, en passant en revue notre conversation, je me demande si je n'ai pas vécu un rêve éveillé.

Le temps passe et un jour, autre moment surréaliste pour moi, Pierre Arditi m'appelle : « Empreintes », sur France 5, souhaite lui consacrer une émission et, pour l'occasion, il aimerait revoir son ancien appartement. Il me demande si par hasard je ne connaîtrais pas le propriétaire du quatrième pour lui arranger ça, mais hors caméras. Je raccroche, incrédule. Le temps de redescendre de mon nuage, je m'empresse de passer mon coup de fil. Le propriétaire de l'ancien appartement de Pierre Arditi est ravi d'apprendre qu'un acteur d'aussi grande renommée souhaite visiter le lieu qui a bercé son enfance. J'arrange un rendez-vous et, le cœur battant, je rappelle Pierre Arditi.

J'ose à peine croire que je suis là, marchant aux côtés du grand acteur pour son retour dans le passé. Lorsqu'il franchit le seuil de son ancien appartement, il s'exclame en redécouvrant le couloir : « Qu'il est petit ! Mais comme il me paraissait grand quand j'étais môme ! » Cette remarque m'émeut parce que c'est une impression, une expérience à laquelle nul de nous n'échappe. Revenir sur les lieux de son enfance, c'est une explosion d'émotions, de sons, d'odeurs, de couleurs, une palette multicolore dont les détails que l'on croyait oubliés remontent les uns après les autres comme des bulles d'air à la surface de l'eau. Le chanteur Monty, dans sa chanson *Rêves d'enfant*, a dépeint avec justesse cette sensation du retour aux sources : c'est bien là que sont inscrits nos rêves, mais aussi les événements qui constituent notre histoire, parce que c'est là qu'a commencé à battre notre cœur. En attendant, Pierre Arditi est ici, près de moi, et je n'en reviens pas ! Cet épisode va ancrer une relation unique d'amitié qui ne se démentira pas au fil du temps.

15

Un nouveau virage

Curieux de tout, et désireux de me perfectionner dans tous les domaines, je me lance à la découverte des saveurs dans les bistrots et les restaurants de la capitale. Je fais également le pari de m'éveiller au vin, un univers complètement inconnu pour moi… Paradoxalement, je boude le champagne, qui, pour moi, est une boisson à bulles somme toute insipide, avec migraine assurée le lendemain.

Nous sommes en 2004, en plein Mondial de l'automobile de Paris. J'ai 24 ans et, à l'issue d'une journée éprouvante, un collègue du salon, fin connaisseur en vins, se lance le défi de me faire découvrir LE vrai champagne. Bien que réticent, je décide de me laisser convaincre et accepte de goûter la cuvée *Substance*, du domaine Jacques Selosse. Moi qui ai eu l'habitude de boire ce vin dans une flûte découvre qu'il s'apprécie également dans un verre ballon. Mon ami m'enseigne de nouveaux codes, et je veux bien m'ouvrir à cela. J'écoute ses explications et tout en observant les bulles danser dans le liquide or pâle, je déguste et ressens une complexité infinie en bouche, la finesse des bulles qui frisottent sur mes papilles, une rondeur, puis la fraîcheur et la puissance du fruit mûr qui s'installe. « Toi qui ne connais que le champagne de supermarché, avoue que c'est quand même autre chose ! » me lance mon ami, qui a bien vu à ma tête que je suis conquis... Il a raison : comment ai-je pu vivre avant sans cela ? Pour moi, c'est la révélation.

Il me faut à présent dénicher un caviste qui vend ce nectar et je finis par en trouver un dans le 8e arrondissement. Je m'y rends sans hésiter. L'homme, fort en gueule, semble me prendre pour un touriste ou, tout du moins, pour un ignare en la matière. Il me parle avec condescendance, en donneur de leçon, au point que, agacé par son attitude, je ressors de là sans avoir rien acheté. Exaspéré par ce comportement peu amène, je décide d'aller chercher mon champagne directement à la source. Nous sommes un samedi. Je regagne ma voiture en ruminant, consulte ma montre : il est 12 h 30. Puis je cherche la distance entre Paris et Reims, où j'ai repéré le domaine Selosse.

Après environ deux heures de route, j'arrive sur les lieux. Manque de chance pour moi, le domaine est fermé le week-end. Tant qu'à être venu jusque-là, je décide de faire le tour du propriétaire et m'aventure à pied dans les allées. En contournant un bâtiment, j'aperçois un homme penché sur son bureau, visiblement en plein travail. Au point où j'en suis, je décide de tenter ma bonne fortune et frappe à la porte. Il m'ouvre. Je me présente et je lui explique être venu de Paris pour acheter une caisse de champagne. Il me regarde, circonspect, me répond qu'il n'en vend pas directement au domaine et que, par conséquent, aucune bouteille n'est disponible sur place. Ne voulant pas en rester là, je lui raconte ma déconvenue chez ce caviste. Il conclut après m'avoir patiemment écouté : « Si je comprends bien, vous venez de Paris, vous avez fait tout ce chemin un samedi, jour de fermeture, pour m'acheter du champagne ? » Visiblement sensible à ma déconvenue il engage la conversation et je comprends qu'il est le maître des horloges. Je lui explique les sensations que j'ai ressenties à la dégustation de son vin de Champagne et qui ont conduit mes pas en ce lieu. Il m'éclaire sur l'origine de la saveur du breuvage d'or : le terroir, qui donne à chaque vin sa typicité, les racines, qui plongent sous terre ou dans la roche pour y puiser les minéraux indispensables à sa constitution, tous les paramètres qui régulent la richesse du sol jusqu'à l'influence de la météo. Je suis transporté par ses mots, un peu comme si par leur poésie je sentais le cœur du champagne battre sous terre, les bulles se former dans les ceps de la vigne et réserver leur explosion à nos papilles. Une leçon magistrale dispensée par le maître des lieux ! Qu'espérer de plus ? Rien que ça valait le détour !

À l'issue de l'entretien, il consent à me vendre une bouteille de Selosse pour compenser les kilomètres effectués. Je suis aux anges, encore la Providence qui fait tomber une pluie d'étoiles sur moi ! Je le remercie pour son accueil, cette conversation passionnante, cette rencontre qui m'a fait mettre un visage sur son nom, lui rappelant toute mon admiration pour ceux qui travaillent la terre, paysans et vignerons, et qui prennent leurs ordres de la pluie, du soleil, des nuages et des saisons. Je tombe littéralement amoureux de ce domaine incarné par une belle personne. Mon panégyrique semble l'avoir touché puisque je reviens finalement à Paris non pas avec une, mais trois bouteilles de Selosse, vendues par les mains mêmes de son créateur.

Sur le chemin du retour, je me repasse les détails de cette escapade aux conséquences inattendues et, une fois encore, je me convaincs que la chance, il faut aller lui tapoter l'épaule pour qu'elle vous accorde toute son attention. C'est souvent oser, c'est souvent franchir la ligne rouge que d'autres ont tracée sur le sol pour vous signifier l'interdiction d'aller plus loin parce que vous n'êtes pas bien né. Si je m'étais arrêté à l'accueil de ce caviste parisien, je serais rentré chez moi, frustré, humilié et les mains vides. Si à mon arrivée au domaine je m'étais dit « Tant pis pour toi » et si j'avais simplement rebroussé chemin, je serais rentré chez moi de la même manière : déçu et le cœur en peine. J'ai osé franchir la ligne rouge pour me hasarder en zone interdite. Avec respect, mais avec audace. Enjamber la ligne rouge, c'est aller vers son avenir. Ne pas oser la franchir et revenir à son point de départ, c'est retourner dans son passé et au point zéro.

Pour le reste, on fait des choix. On pourrait me reprocher de travailler pour Audi, une marque « premium » parce que les clients y ont les moyens de leurs rêves. À ces détracteurs je réponds : non, je ne travaille pas au sein d'une entreprise protégée parce que j'ai la folie des grandeurs mais parce que je suis le fils d'un père de famille fiché à la Banque de France et que les huissiers harcèlent au point de l'avoir rendu malade. Mon père se noie dans les dettes et les financements depuis des lustres sans plus en voir le bout parce que personne n'a rien fait pour éviter ce désastre. Je vise ici les commerciaux qui vous collent à tout prix une voiture, une cuisine, un produit ou un salon pur cuir dans les mains sans se soucier de vos revenus, et qui au prétexte de vous aider à les acquérir vous font un cadeau empoisonné en montant des dossiers de financement fantaisistes : on retranche un peu ici du montant des charges à déclarer, on ferme les yeux sur un autre crédit en cours, pour que ça rentre dans une case qui vaudra une prime au vendeur et conduira souvent l'acheteur au surendettement. Voilà tout simplement pourquoi j'ai fait le choix de vendre des Audi plutôt que des Lada. Quand je vends un véhicule, je sais que le client en a les moyens, je ne me donne pas l'impression de le voler ou de le conduire à la ruine. Au moins, je suis honnête avec moi-même et en paix avec ma conscience. Cela dit, je n'aime pas la caricature qui emprisonne et empoisonne, comme celle qui consiste à présenter le vendeur de véhicules comme une machine ne parlant que moteurs et voitures, sillonnant tous les salons automobiles et ne regardant que les émissions spécialisées en ce domaine. Je m'intéresse sincèrement aux femmes et aux hommes que j'y rencontre parce que j'apprends sans relâche, je m'enrichis culturellement tout en m'émerveillant chaque jour de la chance qui m'est donnée de faire de belles rencontres. Parce que je n'oublie jamais d'où je viens.

Retour à Paris avec mes trois bouteilles, retour à la concession, et la vie continue… Un jour, en discutant avec un homme à qui je vends une voiture, j'apprends qu'il est technicien de télévision. Toujours intéressé par la nouveauté, je me plonge dans une conversation passionnante avec lui et le courant passe. Au moment de prendre congé, il me propose : « Ça vous dirait de venir assister au *Grand Journal* ? » Qui ne connaît l'émission mythique de Canal+, présentée par Michel Denisot ? Je réponds oui sans me faire de nœuds au cerveau !

Le concept et l'ambiance me plaisent, ça me rappelle mes beaux jours dans le public de NRJ et, la porte m'ayant été ouverte, j'y retourne dès que l'occasion m'en est donnée. Heureux d'être là, je dis bonjour et parle à tout le monde, du vigile de la porte d'entrée au technicien de plateau, parce que chacun a quelque chose d'intéressant à raconter. Je vois défiler tous les noms de célébrités, hommes ou femmes politiques, chanteurs, acteurs et auteurs reçus par Michel Denisot, assisté de Yann Barthès, Ariane Massenet ou Jean-Michel Aphatie. Je suis absorbé, je suis aux anges.

Ma constance en qualité de spectateur aide sans doute à une sorte de reconnaissance faciale puisque Michel Denisot et moi finissons par échanger d'abord des sourires, puis quelques mots avant ou après l'émission, puis quelques phrases, jusqu'à avoir de vraies conversations et qu'une complicité s'établisse entre nous. Je garde en mémoire cette leçon de vie qu'il m'a confiée un jour : « Tu sais, Stéphane, il n'y a pas de miracle dans la vie, ni de succès sans raison. Personnellement, j'arrive pour mon journal à 9 heures, j'étudie les thèmes, je fais mon émission à blanc avant le direct… Et je vais te dire plus : en début de saison, quand les nouveaux arrivent, je repère tout de suite les étoiles filantes, ces stars éphémères qui arrivent dix minutes avant le plateau et qui demandent : “On parle de quoi ce soir ?”. Ceux-là n’iront pas loin, parce qu’ils sont sans saveur et sans profondeur. »

Nous sommes en 2005. Un jour, Cyril Lignac, propriétaire d’un restaurant en face des studios de Canal+, se présente à la concession. Il souhaite acquérir une voiture et Michel Denisot lui a communiqué mes coordonnées. C’est dire si je suis flatté : le journaliste vedette de Canal+ a cité mon nom, m’a recommandé ! Le courant passe d’emblée entre le grand chef et moi : j’aime son humour, sa vivacité d’esprit, son accent, sa gouaille et sa passion des gens. Heureusement, moi-même étant à présent installé dans le maillage des habitués du « Grand Journal », je me sens un peu plus à l’aise pour aborder les personnalités qui, quelques années auparavant, m’auraient paralysé. Comme j’évoque mon parcours et les hasards de l’existence, il me répond ceci : « Le hasard est plein de talent. Il suffit de se laisser prendre par le hasard pour que le talent de la vie fasse que quelque part vous avancez. » Voilà qui est bien dit, voilà de quoi je me nourris. Non pas en faisant une cour assidue et hypocrite à ces personnalités hors du commun dans le but de leur demander des faveurs, mais pour me nourrir de leur parcours : j’observe l’environnement dans lequel elles évoluent pour comprendre comment elles en sont arrivées là, parce que cela m’inspire. On ne vit pas au travers des autres, il faut puiser en eux une forme de philosophie de vie pour apprendre à détecter ses propres failles, à s’améliorer et à progresser.

Peu à peu, je ne me contente plus de mon rôle, qui consiste à attendre qu’un client passe la porte pour acheter une voiture. J'ai envie d'élargir mes compétences et la concession devient un espace borné, trop étroit pour moi. Le monde est trop grand, il offre trop de possibilités pour attendre assis dans un fauteuil. J'ai la bougeotte, je tourne en rond, j'ai envie d'évasion et je me mets à sortir pour aller trouver des clients à l'extérieur. Au point qu'un jour mon patron me fait une proposition inespérée : « Comme tu es tout le temps dehors et que tu es performant, j'ai pensé à toi : un poste de responsable des ventes pour les sociétés s'est libéré, si ça t'intéresse… » J'accepte sans qu'il ait besoin de développer d'autre argument !

Je démarre sur les chapeaux de roue à mon nouveau poste et, le vent en poupe, je me prends au jeu, je m'informe, je suis sur tous les fronts. J'organise des événements, j'emmène mes clients dans de bons restaurants et me rends à l'évidence : j'aime le vin, la gastronomie et la convivialité autour d'une table où se décident souvent des avenirs, où se signent les contrats. Pour y parvenir, je m'inspire d'un simple sigle, connu de tous : TVA, ou taxe sur la valeur ajoutée, dont je retiens les deux derniers mots : « valeur ajoutée ». En organisant mes déjeuners ou mes dîners, je me demande : quelle « valeur ajoutée » puis-je apporter à l'organisation académique de l'événement ? Comment y contribuer pour que ce soit une réussite ? En mettant en forme mes repas professionnels, j'aime dénicher de nouveaux restaurants, mets un point d'honneur à proposer une réunion qui ne soit pas ternie par un décor fané, un mauvais service, une carte moyenne ou un sommelier inefficient. Je prends également à cœur de respecter les contraintes alimentaires de mes clients et réserve le lieu en conséquence. Ça me parle, ça m'inspire, ça me plaît... Et, à force de côtoyer des gens de tous horizons, je m'intéresse peu à peu aux conditions de travail, à l'administratif... En d'autres termes, à la politique, car tout dépend des dispositions prises par le gouvernement.

2007. Je suis la campagne présidentielle avec le plus grand intérêt puisque Jacques Chirac quitte ses fonctions et Nicolas Sarkozy est élu nouveau président de la République. Ce dernier a inséré la défiscalisation des intérêts d'emprunt pour l'acquisition d'un appartement dans son programme et j'y vois là le moment d'acheter plus grand car la famille, entre-temps, s'est agrandie et notre nid d'amour commence à être exigu. Je profite d'un week-end pour me consacrer à cette recherche et me connecte sur le site *De particulier à particulier*. Je tombe sur une annonce intéressante, un appartement à Neuilly-sur-Seine. J'appelle immédiatement et, ne voulant pas prendre le risque de voir ce bien me passer sous le nez, je propose au vendeur de le retrouver dans l'heure. Je raccroche, réalise que je suis en caleçon devant ma télé, c'en est comique. J'appelle mon épouse à son officine et lui demande de me rejoindre. Je prends ma douche, je m'habille et je file.

Pendant la visite, le téléphone n'arrête pas de sonner et je comprends que les acquéreurs potentiels se bousculent au portillon. Tout se joue parfois sur un coup de dés : mon épouse et moi, séduits, affichons notre détermination à un vendeur qui, visiblement, n'a pas le temps, ou l'envie, d'organiser une succession de visites. Lorsqu'il décroche une énième fois le téléphone et répond à son interlocuteur

« Désolé, le bien est vendu », je comprends, soulagé, qu'il accepte notre offre.

Notre appartement rue des Martyrs vendu, nous nous installons à Neuilly et prenons nos repères dans le quartier. Les hasards de la vie me font rencontrer Jean Sarkozy au détour d'un étal du marché. J'aborde cet homme à peine plus jeune que moi, le salue et, forcément, nous en venons à parler politique. Le plus naturellement du monde, il me donne sa carte de visite, m'invitant à le solliciter en cas de besoin… Je range précieusement le bristol.

Quelques semaines plus tard, j'assiste à ma première assemblée générale de la copropriété. Le sujet central est un homme dont la situation semble compliquée et qui occupe une chambre de service du dernier étage de notre immeuble. Le propriétaire de ce bien tire à boulets rouges sur le locataire en question, un alcoolique qu'il faut « expulser *manu militari* ». « Expulser. » Personne, absolument personne autour de moi, ne peut imaginer dans son pire cauchemar ce que cela signifie, ce que l'on ressent quand on est jeté sur le trottoir sans pouvoir rien faire et que l'on perd tout, jusqu'à sa dignité. Je ne peux tout simplement pas laisser expulser cet homme, aussi alcoolique soit-il, sans rien tenter. Je prends la parole : a-t-il cassé quelque chose ? A-t-il été insultant ? A-t-il menacé quelqu'un ? Quelqu'un ici est-il déjà allé lui parler pour connaître sa situation ? À toutes ces interrogations, la réponse est négative.

J'oppose mon veto à toute décision radicale en l'état et propose d'aller le rencontrer. Deux copropriétaires empreints de mansuétude se portent volontaires et nous montons ensemble au dernier étage. L'homme refuse de nous ouvrir, pensant que nous venons pour l'expulser. Je me présente, explique que je viens d'arriver dans l'immeuble, que je n'ai rien contre lui, que je souhaite l'aider et qu'il y a sans doute une solution mais que, pour la trouver, il faut discuter.

L'homme nous ouvre finalement la porte et nous raconte dans quelles circonstances il a perdu son emploi, son mariage ainsi que la garde de sa fille. Comment, par désespoir, il a sombré dans l'alcool. Cette chambre de service est le seul logement qu'un ami a bien voulu lui consentir en son temps pour une modeste somme. Au décès de son ami, le nouveau propriétaire l'a autorisé à rester en contrepartie d'un loyer mensuel qui a plongé ce locataire dans un amoncellement de dettes à rembourser… Une histoire qui résonne en moi, pas en simples mots mais en souvenirs douloureux…

Me rappelant la proposition de Jean Sarkozy, je lui téléphone et obtiens qu'il accepte de venir rencontrer cet homme. Nous organisons un rendez-vous un dimanche et je préviens immédiatement le locataire malheureux de cette visite. Jean Sarkozy est accompagné de son agent de sécurité et, détail important, il porte une chemise à manches mousquetaires fermées par des boutons de manchettes. Je frappe pour nous annoncer et, ô surprise, le locataire nous ouvre en costume et cravate. Je le complimente sur sa tenue et il se justifie : « Je reçois le fils du président de la République, je me devais de bien m'habiller pour lui faire honneur. » La porte entrouverte dévoile le taudis insalubre dans lequel il vit. Les murs sont mangés par la moisissure, l'odeur qui s'en dégage est immonde. Jean Sarkozy remarque un détail : « Je vois qu'il vous manque un bouton de manchette ? » L'homme s'excuse, penaud : « En effet. J'ai perdu l'autre, mais je voulais quand même bien m'habiller pour vous recevoir. » Jean Sarkozy a alors ce geste touchant : il retire les siens et les offre à l'homme qui se trouve face à lui. C'est un moment d'émotion puissant pour ce malheureux comme pour moi, au point que les larmes me montent aux yeux. Ils se saluent avec respect et, dans la rue, je quitte Jean Sarkozy, qui me fait la promesse de l'aider.

J'apprends le jour même qu'il a appelé Isabelle Balkany, en poste à la mairie de Levallois, et lui a raconté l'histoire. Quelques semaines plus tard, les Balkany relogent cet homme à Levallois dans des conditions décentes. On a lapidé ce couple pour des raisons que je n'évoquerai pas ici, parce que là n'est pas le propos, mais j'en retiens que des hommes peuvent changer la vie d'autres hommes par un simple coup de fil et que, comme l'avait si justement dit le candidat Valéry Giscard d'Estaing à François Mitterrand, évoquant la gauche : « Vous n'avez pas le monopole du cœur. » C'est ce qu'ont fait Jean Sarkozy et les Balkany en apportant une aide concrète à un homme dans la détresse. Je me sens fier d'avoir été le trait d'union de ces rencontres fructueuses, je réalise que j'ai à présent suffisamment d'aplomb pour argumenter, passer quelques coups de fil, oser demander ! Si je peux me servir de mon carnet d'adresses pour rendre le sourire à ceux qui l'ont perdu, si je peux mettre le pied à l'étrier à des gens dans le besoin comme d'autres l'ont fait avec moi lorsque je n'avais rien, que je n'étais rien, je suis partant ! Je sais que le hasard mettra d'autres opportunités sur ma route et, pour remercier la vie de ce qu'elle m'a donné, je veux à mon tour distribuer un peu de bonheur autour de moi.

En attendant, je continue à travailler chez Audi. Au cours de ma quête de bonnes tables pour mes déjeuners d'affaires je m'intéresse aux critiques culinaires, aux guides, aux adresses, constatant qu'il faut tordre le cou à une autre idée reçue : bien manger à Paris coûte cher. Je débusque des petits restaurants qui proposent des menus sains et équilibrés pour moins de 10 euros et dans la pure tradition française : poireaux vinaigrette, harengs pommes à l'huile, saucisse aux lentilles, bœuf bourguignon, steak saignant beurre maître d'hôtel et frites. Par ailleurs, je rencontre des chefs et me familiarise avec eux, comme Cyril Lignac ou d'autres jeunes en devenir. Le talon d'Achille pour nombre d'entre eux m'apparaît : s'ils se révèlent être de véritables artistes, ils n'ont pas la fibre de chefs d'entreprise. L'idée de lancer des talents culinaires et de les accompagner germe en moi et fait son petit bonhomme de chemin. J'avoue que la perspective d'ouvrir un restaurant s'est peu à peu imposée à moi, même si j'ai conscience de ne pas être prêt ; pour l'heure, j'aime mon métier et ma vie tels qu'ils sont dessinés et j'attends que les choses se fassent naturellement.

16

Nouvelles perspectives : un pas après l'autre

2010. Mon épouse a pour projet de compléter ses diplômes dans le cadre d'une passerelle. Ce projet implique un engagement financier et un manque à gagner si elle redevient étudiante. Comme je refuse de voir avancer ma carrière au détriment de celle de ma femme, nous en débattons longuement, cherchant une solution d'avenir qui ne lèse aucun de nous. Ne voulant pas dépendre de mes beaux-parents, nous devons nous résoudre à vendre notre appartement de Neuilly-sur-Seine pour financer ses études. Je me connecte sur les sites dévolus, fais une liste de locations probables et prends rendez-vous. Immanquablement, nous nous retrouvons dans les travers de la location, avec ses files d'attente, des logements à visiter qui n'ont souvent rien de commun avec l'annonce, des dossiers à constituer en répondant à une kyrielle d'interrogations, dont des questions du genre « Êtes-vous juif ? », qui n'ont pas leur place en pays laïc. Je freine des quatre fers, finalement peu enthousiasmé par cette course au logement. Je crois aussi qu'intérieurement je n'arrive pas à me résoudre à redevenir locataire…

Je ronge mon frein et, manie qui est désormais devenue une marotte, j'épluche quotidiennement les petites annonces en espérant un miracle à la rubrique « Acheter ». Ma recherche m'amène à constater que de nombreux logements sont en vente dans le 17e arrondissement de Paris. Plus précisément, j'y repère un appartement avec terrasse dans une résidence « services[6] ». Je regarde en quoi cela consiste, je cogite, je fais mes calculs pour savoir s'il est dans nos possibilités financières, j'en parle à mon épouse et arrive à la convaincre d'aller voir. Rendez-vous pris, nous le visitons et sommes séduits par la vue sur le jardin collectif, calme et bien entretenu. Bien que les charges me semblent excessives au regard du prix de l'appartement, bradé, nous nous laissons porter par ce nouveau projet, qui ne nous coûtera pas plus que de payer un loyer à fonds perdu.

J'installe ma petite famille dans notre nouvel appartement. Encore novice en matière de résidence services, je commence à me pencher très sérieusement sur l'aspect juridique entourant ce type de bien et, cela coule de source, je m'intéresse de près au restaurant dans l'immeuble. À échanger avec le patron du lieu sur son mode de fonctionnement, à y déjeuner à plusieurs reprises, je comprends pourquoi, à mon sens, la clientèle n'est plus au rendez-vous :

---

6. Immeuble en copropriété proposant des logements privatifs pour les personnes âgées, autonomes ou en couple, associés à des services collectifs (commerces de proximité, transports, espaces de vie conviviaux, entretien des espaces verts, restaurant…).

non seulement la carte est inabordable, mais aussi le décor, désuet, est à bout de souffle.

Je passe également des heures à décortiquer les charges que nous payons, à comparer les textes légaux avec le règlement de copropriété. Je constate que nous réglons parfois des charges exorbitantes pour des services inexistants, que certaines facturations sont opaques. J'entre en contact avec le président de l'association des résidents pour lui faire part de mon analyse sur la gestion sibylline et demander des comptes au syndic. Je m'attelle au dossier en réfutant telle dépense inutile, estimant qu'un seul service n'a pas à être payé deux fois et que, si le service n'existe pas, ou plus, il n'y a pas lieu de s'en acquitter. Je m'implique au point de bientôt maîtriser le fonctionnement de la copropriété. Les copropriétaires, qui jusqu'alors ne s'étaient jamais penchés sur la gestion de la résidence, commencent à y trouver un intérêt, partagent mon point de vue et soutiennent mon action, me demandant de postuler pour être président du conseil syndical. J'accepte, estimant que l'on n'est jamais mieux servi que par soi-même. La résidence s'embellit, se modernise, les charges tombent à un niveau normal. Seule ombre au tableau : le restaurant qui, faute de rentabilité et malgré plusieurs tentatives pour le sauver, finit par fermer.

Je poursuis ma carrière à la concession automobile. M'étant pris au jeu de la consultation des petites annonces immobilières et m'étant affermi en matière juridique à force de m'y intéresser, je tombe par hasard sur un petit appartement mis en vente dans une résidence services de Neuilly-sur-Seine. Le schéma reste le même – prix de vente faible mais charges élevées –, avec cette fois une particularité inédite pour moi : les charges ne sont pas à régler au syndic mais à une association relevant de la loi de 1901. J'en parle à mon épouse, estimant que le prix demandé nous est accessible et, calculs à l'appui, nous pourrions le louer en attendant que nos enfants grandissent, le montant du loyer couvrant le remboursement du prêt.

Nous visitons l'appartement et confirmons vouloir l'acquérir. À mon grand étonnement, la propriétaire du bien me répond qu'elle ne peut valider d'accord sans l'aval du comité d'admission, seul à pouvoir entériner l'achat. Un peu interloqué, je lui rappelle que nous sommes en France et que le seul comité habilité à entériner une vente s'appelle un « notaire ». Mon interlocutrice bafouille un peu, hésite avant de me dire qu'elle me rappellera. C'est son frère qui me recontacte le lendemain ; il m'explique être en guerre depuis quatre ans avec ce fameux comité d'admission, lequel fait la pluie et le beau temps et a déjà fait capoter une vente parce que ses membres sélectionnent les futurs copropriétaires selon des critères spécifiques. Je réitère ma conviction et ma fermeté en ce sens. Nous décidons malgré tout d'aller signer chez le notaire. L'ex-propriétaire me remet les clés, sans doute soulagé de n'avoir pas eu à affronter le comité d'admission.

Je me présente auprès du président de ce comité en qualité de nouveau copropriétaire de la résidence. Je le vois passer par toutes les couleurs de l'arc-en-ciel pour finir par le rouge écarlate et grogner qu'il n'est tout simplement pas possible de conclure un achat sans l'accord des membres de l'association. Je lui rappelle que seul un notaire peut valider ou non la vente d'un bien, sans casting préalable selon la religion ou la couleur de peau et que, de toute manière, ça s'est fait sans le comité. J'ajoute qu'en outre je n'ai nulle obligation légale d'adhérer à l'association, que je m'acquitterai de mes charges, certes, mais auprès du syndic. Autant dire que je viens de me faire quelques ennemis dans ce microcosme, mais je crée parallèlement, et étonnamment, beaucoup d'attente de la part de propriétaires qui espèrent que j'aille au bout de ma démarche.

Je vis une succession d'affrontements permanents avec ce comité autoproclamé, des échanges parfois très acides pour faire valoir mon point de vue, expliquer mes idées ou tout simplement faire appliquer le droit. Louis Philippe de Ségur avait raison lorsqu'il disait : « L'adversité, qui abat les cœurs faibles, grandit les âmes fortes. » Ce que ces gens ne savent pas, c'est que le fiel glisse sur mon armure. Ils n'ont aucune idée de ce que j'ai vécu, de ce que la vie m'a fait subir. On se construit dans l'adversité et, à ce niveau-là, je joue dans la cour des grands. Je survole toutes ces attaques, ma seule obsession étant de défendre nos intérêts collectifs.

Je passe beaucoup de mon temps libre entre les murs de cette résidence, au point que tout le monde me connaît et que je connais tout le monde. Je profite très souvent du restaurant de ce lieu, qui, à la différence de celui qui vient de fermer dans l'immeuble où nous vivons, ne désemplit pas. Il est grand, spacieux, avec une immense terrasse donnant sur le jardin. Nombre de résidents viennent y déjeuner ou dîner, profiter des moments conviviaux aux fêtes de Noël ou de Pâques.

17

Mon premier restaurant : Substance

En 2014, un hasard que je qualifie d'« heureux » se présente à moi : la société qui exploitait le restaurant de la résidence où je loue mon petit appartement décide de jeter l'éponge. Je réfléchis vite, très vite. Je contacte immédiatement un ami restaurateur qui gère précisément un restaurant en résidence services dans le 16e arrondissement de Paris. Grâce à ses conseils avisés, je présente ma candidature au comité de gestion de la société civile pour devenir cogérant des murs. Me servant de l'expérience acquise au fil des repas organisés pour le compte d'Audi, je convaincs les cinq autres cogérants de la nécessité de rénover les lieux. Malgré ma charge de travail à la concession automobile, je mets tout mon cœur dans le choix du mobilier, des fournisseurs, l'élaboration de la carte, la sélection des vins et des champagnes ainsi que dans le planning des entretiens d'embauche... Mettant en musique avec exigence ce projet, conjuguant mes passions, les heures défilent sans que j'aie une seule seconde l'impression de travailler. Entre mon travail chez

Audi et mon implication en cogérance dans ce restaurant, je ne compte plus mes heures. Mais je suis en parfait équilibre entre ma vie de famille et ma vie professionnelle.

2015. Ma barque semble glisser sur l'eau lorsqu'une tempête médiatique et judiciaire s'abat sur l'Europe et dans le monde entier : le « Dieselgate ». Le groupe Volkswagen est accusé d'avoir équipé ses véhicules diesel d'un logiciel visant à tromper les contrôles antipollution. Une vraie trahison pour moi, qui suis très sensible à l'environnement et fais l'éloge de nos véhicules, si respectueux de l'environnement grâce à leur bilan carbone et à leur faible émission de CO_2. Je me sens bafoué, trompé et j'ai le sentiment d'avoir abusé à mon tour des dizaines de milliers de clients, qui sont pour certains devenus des amis. Une phrase de Christian, mon éducateur, me revient à l'esprit : « Tu ne peux pas être donneur et demandeur. » Que faire ? Démissionner pour être en phase avec mes convictions ou rester et subir, une nouvelle fois ? Je ne peux pas me permettre d'être dans la situation du demandeur, car je ne suis plus seul dans la vie. Mon enfance a gravé au fer rouge mon obsession de mettre ma famille en sécurité, quel que soit le nombre d'heures à y consacrer. Alors je reste. Mais mon ardeur et mon esprit, eux, sont déjà partis ailleurs…

2017, la campagne présidentielle bat son plein et je décortique depuis des mois les programmes des différents candidats, dont François Fillon. Je l'avais approché quelques années plus tôt et, forcément, je contacte le candidat en lice pour la présidence afin qu'il reprenne l'idée de Nicolas Sarkozy sur la défiscalisation des plus-values à condition de les réinvestir dans l'économie réelle. Selon ce principe, investir dans l'économie est ma manière de payer des impôts et de les payer en France. Convaincu, François Fillon accepte et insère ce point dans ses propositions de candidat. Soulagé je le suis, heureux je le reste, jusqu'au scandale de l'affaire des costumes, qui lui coûte la présidence. Mon espoir d'exonération des plus-values tombe avec lui au fond du puits, il va me falloir m'adapter.

Un jour, j'ai rendez-vous avec Paul, un client et ami, pour un déjeuner d'affaires. Je le rejoins à l'heure convenue et lui demande s'il a une préférence de table. Il me répond : « Allons déjeuner à côté de mon bureau, dans un restaurant italien, traditionnel et super sympa. » Nous entrons à Il Gusto Sardo, tenu par une famille sarde : la mamma dans la pure tradition italienne, avec son fils en cuisine, le père au bar, un autre fils en salle et des épouses qui donnent un coup de main là où le besoin se fait sentir. En grand amoureux de la cuisine italienne, surtout des pâtes pour en avoir consommé quelques tonnes durant mon enfance, je commande des spaghettis au thon, racontant au passage à Paul que le thon en boîte ajouté à nos pâtes était synonyme de jour de paie quand j'étais petit. Les plats arrivent, le mien est un véritable orgasme des papilles : unique, chaleureux, gourmand. Autour de moi, toutes les tables sont occupées par des hommes d'affaires, qui font défiler les plats et les bonnes bouteilles… Un rêve s'empare de moi…

Mon esprit bouillonne durant tout le trajet du retour : l'expérience du restaurant de la résidence en cogérance est vivifiante, mais je veux un restaurant rien qu'à moi, un lieu que je pourrais concevoir à ma manière, sans avoir à dépendre d'une décision collégiale. Incorrigible, me revoilà sur mon ordinateur à prospecter les petites annonces, cette fois dans la rubrique « Fonds de commerce »; et à faire des calculs de probabilités, car je suis conscient qu'il faut avoir les reins solides pour se lancer dans une telle entreprise. Même si j'ai prouvé que je suis capable de gérer les contours d'un tel projet, je sais que je ne peux pas me permettre un échec, qui risquerait de réduire à néant mes économies et – ma hantise – de conduire ma famille à la précarité.

Je tourne mille fois les choses dans ma tête, tire des plans sur la comète, étudie toutes les situations. En définitive, j'en viens à la conclusion que dans la vie il n'y a pas toujours de solution claire à chaque problème et que parfois seul un arbitrage peut trancher le nœud gordien. Vais-je oser franchir cette nouvelle ligne rouge? Je suis réaliste : même si j'adore cuisiner, inventer, découper et décorer, ma place n'est pas aux fourneaux et il me faudrait trouver un chef en devenir. Ainsi, pour temporiser, je choisis de me mettre en quête de celui ou celle qui partagera ce projet. Ça, ça ne mange pas de pain. Lors de mes repas d'affaires, j'adore me rendre dans un restaurant où officie Matthias, un jeune sous-chef. Il a déjà un très beau parcours et sa cuisine concentre tout ce que j'aime : des produits ultra-frais, une recherche exigeante des fournisseurs et des produits à travailler, un goût ciselé, des préparations millimétrées; mais il est déjà pris et il me faut voir ailleurs pour dénicher un chef qui cuisinerait comme lui, c'est-à-dire une autre perle rare. Et ça, ce n'est pas gagné! Ainsi, comme pour ma visite au domaine Selosse, comme pour tout dans ma vie, je décide de défier ma chance : exit les intermédiaires, je vais proposer mon projet à Matthias, car, comme on dit, je ne risque qu'un refus.

Abasourdi, et alors que je m'attends à un « oui, mais non » poli, je l'entends me répondre que mon projet tombe à pic pour lui, qui n'attendait qu'un endroit rien qu'à lui pour exprimer ses créations. Il veut bien me faire confiance et l'affaire est conclue entre nous sans autres circonvolutions. Je suis au septième ciel, il ne reste plus à présent qu'à trouver le lieu… J'écume à nouveau les petites annonces jusqu'à tomber sur une photo en plan large dans laquelle il me semble reconnaître le restaurant sarde où j'avais déjeuné avec Paul. Comme de toute manière je n'en dormirai pas de la nuit, je saute dans ma voiture et m'y rends. Effectivement, les parents envisagent de prendre leur retraite et de vendre. Le lieu est magique, je le sais ; la localisation est parfaite, je le sais aussi ; le projet va réussir, ça, j'en suis persuadé.

L'affaire est conclue, je signe le 30 juillet 2018 et je mise sur l'ouverture de mon restaurant le 15 octobre suivant. Personne à part moi n'y croit, car il semble impossible d'inaugurer le restaurant deux mois et demi après son acquisition… Je relève le pari en citant Napoléon : « impossible n'est pas français » ! Je me console en me disant que si les débuts devaient être laborieux, j'aurai toujours mon travail chez Audi pour pallier les pertes potentielles.

Le 2 août, mon associé Matthias et moi-même arrivons en tenue de chantier et procédons à la démolition du lieu. Certes, il est plus simple de charger une entreprise de l'exécuter, mais j'ai envie que mon futur chef mette les mains dans le cambouis, pour qu'il s'approprie le lieu, qu'il soit familier avec ses entrailles, sache où se trouvent les câbles, les interrupteurs... Cette expérience nous est bénéfique parce qu'elle nous permet de rêver les choses, de modifier les plans, de changer d'avis en cours de route, en d'autres termes d'être acteurs de nos vies et non spectateurs des travaux finis.

Nous cassons le décor désuet puis je demande à l'architecte de travailler selon un principe simple : « On ne gaspille pas, on ne jette pas, et autant que possible nous ferons travailler des artisans locaux, et des artistes franciliens pour les œuvres qui décoreront le lieu. » L'idée maîtresse est de transformer l'ancien restaurant italien en restaurant gastronomique français, une cuisine décomplexée sans flonflons inutiles, une cuisine qui va à l'essentiel : l'assiette, le service, la convivialité. Et le vin... Je vise une clientèle d'amateurs et de connaisseurs en proposant une gastronomie décomplexée à des prix raisonnables, je recherche l'aisance pour pouvoir offrir l'excellence, ce qui me permettra en retour d'être donneur, puisque je n'ai pas abandonné mon idée d'accompagner de grands chefs en devenir. Je cours ici le risque d'être qualifié de « parvenu ». À ceux qui me qualifieraient ainsi, je réponds : mon père, pauvre, n'aurait pas pu donner plus de 20 centimes à un SDF, et encore ! Un riche peut offrir un emploi à ce dernier et changer sa vie, c'est la notion du mécénat. Si l'on pouvait cesser d'opposer riches et pauvres, ce serait une belle chose ! Pour moi, il existe deux formes de richesse : celle de l'esprit, qui transmet un flambeau immatériel, et celle de la fortune, qui transmet la matière et la vie. J'ai rencontré des personnes riches qui m'ont tendu la main, m'ont aidé à franchir le cap et je n'en éprouve ni honte ni remords, bien au contraire. J'assume et veux à mon tour être un compagnon de cordée susceptible de tendre la mienne, de main, à ceux qui ont besoin d'aide pour escalader le flanc de la montagne. Si l'argent ne fait pas le bonheur, il permet d'en distribuer autour de soi…

Depuis ma première visite au domaine Selosse, j'y suis retourné à diverses reprises et, avec le temps, Anselme et moi sommes devenus amis. C'est ainsi qu'en août 2018, et alors que je suis en plein chantier dans mon futur restaurant, nous nous retrouvons au Maroc avec la famille Selosse au complet. Nous sommes assis face à la mer, dont l'horizon lointain m'inspire. Je parle à Anselme de mon projet et lui confie mon ambition : au même titre que nous aurons une carte des vins, j'aimerais proposer une carte de champagnes et de coteaux-champenois. Est-ce réalisable ? Non seulement il trouve l'idée excellente, mais il me suggère de nous mettre au travail sans attendre : lister les vignerons, identifier les cuvées, les millésimes, faire le tour des caves… et c'est ainsi que notre carte est élaborée en trente minutes. Je demande alors deux choses à Anselme : « M'autorises-tu à appeler mon futur restaurant Substance, en hommage à la première cuvée Selosse que j'ai goûtée en 2002, là où mon amour du champagne a commencé ? Et serais-tu d'accord de signer cette carte des champagnes ? » Il me répond, avec la sincérité qui le caractérise : « Pas de problème pour ce qui est du nom de ton futur restaurant ; en revanche, pour la carte, je ne l'ai pas constituée seul, donc je souhaite que tu dises que nous l'avons élaborée ensemble. » Je suis profondément touché par son humilité et par l'honneur qu'il me fait de cautionner mes demandes. Voilà comment, en quelques minutes, j'ai écrit une nouvelle page de mon histoire, voilà comment naît Substance.

Je suis pourtant le seul à croire en une grande carte de champagnes telle que nous l'avons créée avec Anselme Selosse et, à mon retour de vacances, je dois me battre contre tous les prédicateurs de ténèbres. Les discussions, qui virent parfois au conflit, s'amorcent. Je tiens tête, arguant que cette carte propose en grande partie des champagnes de vignerons à des prix tout à fait abordables. Un soir où une nouvelle controverse m'oppose à Matthias Marc, je lui rétorque : « Écoute, nous sommes associés : pour ma part, je veux écrire ma partition côté champagne et je te laisse libre d'écrire la tienne côté gastronomie. À toi de montrer la palette de ton génie culinaire, à moi de t'accompagner avec mes bulles. Je veux aussi que tous les amateurs de champagne puissent se dire : "Je vais très bien manger dans ce restaurant parce qu'il y a un excellent chef, mais aussi très bien boire parce qu'il y a une belle cave." » Mes arguments ne le convainquent pas pour autant et il me réaffirme que le champagne n'est qu'un intermède, un simple apéritif. Excédé, et estimant que de nous deux c'est moi l'actionnaire majoritaire et lui un jeune chef en devenir sur qui je mise, je tape du poing sur la table et conclus : « Si les gens ne le boivent pas, je le boirai, moi. Disons que ce sera ma cave personnelle et, pour qu'il n'y ait pas de méprise, je rachèterai les champagnes. Certains aussi dans mon entourage m'ont mis en garde contre la folie de miser sur un chef de 24 ans et pourtant j'y crois et je fonce avec toi ! » L'affaire s'arrête là.

Mon équipe constituée, j'en réunis tous les membres autour d'une table pour leur faire passer mon message : « Ensemble, nous n'allons pas écrire une histoire, mais notre histoire, sans tricher. Avec des produits de notre terroir, en privilégiant la proximité. Familiarisez-vous avec les commerçants du quartier, discutez avec les gens, prenez la température, soyez communicatifs, allez vers les autres. »

Le restaurant ouvre comme prévu le 15 octobre 2018 et je reçois mes premiers clients avec appréhension, même si pour l'essentiel ce sont nos amis, les fidèles d'entre les fidèles, venus nous encourager. Par mes relations avec le monde de la radio et de la télé, je reconnais également quelques journalistes ou critiques culinaires. Moi qui ai passé la journée précédente à vérifier que tout était en place, qu'il ne manquait rien, moi qui ai traqué le moindre couvert mal disposé, je suis sur les dents. Même si je n'en ai pas l'air, même si je souris et m'adresse à chacun en particulier, je suis mangé par le stress. Malgré mes appréhensions, tout se déroule très bien : la cuisine est exquise, Matthias s'est surpassé. Les vins et les champagnes sont à la bonne température, il ne manque aucun cru. Bientôt, rassuré par l'ambiance chaleureuse qui inonde le restaurant, je me laisse aller au bonheur. De temps à autre, lorsque les circonstances me permettent de souffler quelques instants, j'observe mes amis, puis le décor, en me remémorant le chemin parcouru depuis le 60, rue Albert Camus, Mulhouse. J'ai une pensée pour Christian, que j'espère avoir rendu fier et pour tous ceux que j'ai invités mais qui n'ont pas pu être présents. Mon épouse s'approche de moi et me tend une coupe de champagne ; elle me prend la main, consciente de ce que je ressens en ce moment même alors que des larmes d'émotion me montent aux yeux. Moi, le petit garçon de ZUP, obligé de voler une brique de lait, trimballé de foyer en logement insalubre, abandonné par ma mère un soir d'hiver, pieds nus dans la neige, je suis là. Vivant. Heureux. Libre…

La chance semble avoir pris une table à demeure dans mon restaurant, car le succès est au rendez-vous. Le bouche-à-oreille fonctionne et nous faisons le plein chaque jour. Ce sont les Parisiens qui font notre premier succès, parce que c'est à eux, avant tout, que nous nous adressons. Nous proposons des menus et des plats à la carte, tout est cuisiné et transformé sur place : les agneaux nous arrivent entiers, les poissons avec la marée, sept cuisiniers s'activent aux fourneaux. Je jongle pour ma part entre mon poste chez Audi la journée et le restaurant le soir. Mais j'ai l'habitude des emplois doubles et ça me plaît toujours autant.

Le bar donne sur la cuisine et, bien vite, il fait mentir les prédictions désastreuses : « Personne ne voudra jamais manger au bar ! » Qu'à cela ne tienne ! Comme j'aime goûter à nos plats et que je ne suis pas là à demeure, que je marche à l'instinct, je m'y institue une place. Chez Audi, personne ne voulait être installé dans l'entrée et par instinct j'avais transformé un inconvénient en pari gagné. Parce que j'ai toujours refusé être dans le rationnel académique, je veux préserver et écouter cette sensibilité qui me pousse à faire ou ne pas faire, à y aller ou non. Je traverse le temps aux coups de cœur, je capte l'air du temps et une fois encore c'est pari gagné : bientôt, on s'arrache une place au bar parce que c'est le meilleur endroit pour voir les cuisiniers exercer leur art, un spectacle à lui tout seul.

Le premier grand journaliste gastronomique très redouté à venir nous tester est Thibaut Danancher, du journal *Le Point*. Alors que certains n'auraient pas misé sur des jeunes fous néophytes, il nous consacre la une. C'est au tour d'Emmanuel Rubin, journaliste gastronomique au *Figaro*, celui qui a bercé mes oreilles sur BFM Business, de venir tester Substance. Avec lui, ça passe ou ça casse, son « Haché Menu », est redouté. Pour nous, non seulement ça passe mais son article est dithyrambique. Nous sommes heureux et fiers. S'ensuivent d'autres grands critiques gastronomiques qu'il me serait trop long d'énumérer, qui nous couvrent d'éloges, tandis que la presse, unanime, nous auréole d'une célébrité qui se répercute à l'international[7].

Porté par la vague de ce succès qui, je l'avoue, dépasse toutes nos espérances, j'interroge un jour un ami, PDG. d'une très grande entreprise : « Comment t'y prends-tu pour gérer 1 500 salariés ? » Il me répond de manière très cartésienne : « C'est simple, j'ai un DRH, des comptables, des responsables divers. Ils viennent me voir en cas de problème, tout en me proposant une ou plusieurs solutions. Je prends alors ma décision, à eux de la mettre en œuvre. »

---

7. Substance est classé parmi les six meilleurs restaurants de Paris par le *New York Times* en janvier 2020.

Le succès de Substance me conforte dans l'idée que c'est la voie que je veux désormais suivre. Il faut que je continue, que je développe mon entreprise pour que je puisse, à un moment donné, y consacrer pleinement mon énergie. Mais pour l'heure, je suis comme l'oisillon, j'ai peur de prendre mon envol et de lâcher la branche qui me sécurise. Car si je venais à quitter l'entreprise Audi demain, quel serait mon avenir ? Je travaille sept jours sur sept, je ne dors que cinq à six heures par nuit et je découvre avec bonheur que le plafond de verre n'est pas inamovible, qu'il s'élève sans limite au-dessus de notre tête à mesure que l'on monte les degrés. Si je quittais la marque aux quatre anneaux, un seul restaurant à gérer serait trop juste pour l'ogre de travail que je suis. Je le sais parce qu'à la vérité, après un gros travail d'ouverture, un travail intense, je retombe dans une routine qui me fait peur… La peur du vide ! Il me faut un nouveau projet !

18

Contraste et la Maison Rostang

Même si je ne suis pas prêt à lâcher Audi, je me plais de plus en plus dans l'ambiance du Substance. Ça me démange. Vraiment ! Voyons voir... Je me remets à prospecter et trouve une nouvelle opportunité : un établissement au 18, rue d'Anjou, dans le 8e arrondissement de Paris, en vente depuis quatre ans. J'appelle, je fais une offre que le propriétaire accepte sans condition. Le restaurant est décoré comme une réplique du bureau de Louis XV avec lustres en cristal et lambris dorés. Le temps de réfléchir aux travaux de rénovation à y entreprendre, je me mets à la recherche d'un jeune génie en art culinaire.

Un binôme de chefs, amis d'enfance et connaissances de Matthias, se présente à moi. Ils souhaitent travailler de concert mais n'ont jamais trouvé d'opportunité pour se lancer. J'hésite, car si l'un ne fait pas l'affaire, je perds les deux. J'engage le dialogue et apprends que le plus posé, Erwan, le Breton, est moniteur chez les scouts. L'option me séduit, car ce type d'engagement est signe de générosité et de débrouillardise. Kevin, son alter ego, natif des Pyrénées-Orientales, est du genre ultra-créatif, une complémentarité qui peut générer un bon équilibre. Les deux réunis me font penser à une cuvée de champagne d'Anselme Selosse, *Contraste*, que son créateur qualifie de « variété d'attitudes et de positions » et qu'il a composée par un assemblage de pinots noirs d'Aÿ et d'Ambonnay ; de prime abord, ce mariage peut paraître dichotomique, mais à l'arrivée il se révèle être une alchimie parfaite. Comme d'autres ont parié sur moi et m'ont donné ma chance, j'embauche Kevin et Erwan.

Sans qu'eux-mêmes en aient conscience, ils m'insufflent une double idée : à leur image, faite de contrastes, il me vient à l'esprit de moderniser l'endroit tout en respectant les moulures élaborées par des compagnons du Devoir, ainsi que les lustres magnifiques. Contraste de décor, contraste entre deux chefs de terroirs différents… Voilà un nom tout trouvé pour mon deuxième restaurant. Contraste ouvre ses portes le 15 septembre 2019. Le succès, une fois encore, est immédiat : le clivage culinaire est assumé mais accessible grâce aux créations de mes deux chefs, dont le génie s'apparente à moderniser une partition de Mozart tout en préservant sa mélodie fondamentale.

En octobre 2019, trois semaines après l'ouverture de mon deuxième restaurant, je déjeune avec une commissaire aux comptes, qui m'informe que la Maison Rostang est en vente depuis un certain temps. Je connais cet établissement prestigieux, j'y ai déjà dîné, mais l'acquisition est hors de ma portée, à moins de vendre l'intégralité de mon patrimoine. Comme un ver à bois grignotant son meuble, l'épiphore vrille mon cerveau : « Va voir, ça ne mange pas de pain. » Voilà comment je prends contact avec la famille Rostang et organise une rencontre.

L'une des filles du Chef arrive en compagnie de sa mère, une personne très avenante, et de son père, plus sérieux et qui d'emblée m'interroge sur mon projet, la solidité de mon financement, mon engagement, en prévenant qu'un Indien le balade depuis des mois et renvoie sans cesse aux calendes grecques. Ne voulant pas me sentir rabroué, je lui rétorque poliment : « Je ne suis pas indien et je sais imprimer un rythme rapide aux choses, simplement il me semble élémentaire de vous poser quelques questions pour comprendre comment fonctionne le restaurant que je souhaite acquérir. » Je passe la soirée à convaincre, à faire défiler les exemples de ma réussite professionnelle... À la fin de l'entretien, il accepte de m'envoyer le dossier.

Je suis plus que jamais tiraillé. Même si mes deux restaurants font le plein, même si nos revenus sont confortables, je n'ai pas les fonds nécessaires pour cet achat. En revanche, mon flair me dit qu'il me faut saisir cette opportunité. Là, je sais que c'est le coup de poker, que si je me plante j'y laisse ma chemise. Tout tourne en boucle dans ma tête, les mauvaises expériences du passé se mélangeant à mes efforts au présent et aux perspectives d'avenir. J'entrevois dans ce projet l'occasion d'élargir mon activité, de pouvoir en vivre en y consacrant tout mon temps. Même si je me plante, je saurai me relever grâce à ma situation chez Audi. Le rêve est à portée de main. L'ostinato se met à jouer en boucle.

Le lendemain, je me débrouille pour parler entre deux portes de mon projet Rostang à un *business angel*. Contre toute attente, il me dit : « J'investis à titre personnel sur des talents, alors n'hésitez pas à m'en reparler. » Je rappelle la famille Rostang, évoque le dossier, fais une offre et, dans l'attente d'une réponse, je recontacte le financeur possible, sollicite un rendez-vous, organise très vite un dîner avec lui et Anaïs Sauvagnac, mon avocate. Je lui présente mon projet, le prix demandé. Mon interlocuteur me tend la main : « C'est d'accord, je vous prête les fonds. On peut dîner maintenant ? » Je réalise ce que je viens d'entendre et qui s'est conclu en moins de dix minutes : une poignée de main, sans aucune garantie, sans signature au bas d'un document. Le lendemain, je reçois une lettre d'intention signée, certifiée de sa part, qui met la totalité des fonds à ma disposition. Voilà comment, grâce à cette générosité providentielle, je peux racheter la Maison Rostang, composée du restaurant du même nom et du bistrot d'à côté Flaubert. Nous sommes à la fin du mois de décembre 2019.

Tyché, la déesse de la Fortune et de la Prospérité, doit me trouver sympathique pour décider de rester encore un peu dans mon camp : Michel Rostang ne souhaite pas me céder l'affaire avant mars ou avril 2020 pour profiter une dernière fois de la saison de la truffe, qui a fait la réputation du lieu. Je renâcle car, au vu des comptes, c'est au moment où je veux racheter que le chiffre d'affaires est en baisse. Si j'achète en avril, la facture sera plus conséquente. J'insiste, Michel Rostang finit par céder et la vente est entérinée fin décembre 2019. Je démarre l'année 2020 en ouvrant mes deux nouveaux lieux de la gastronomie, le 2 janvier : le Maison Rostang et le bistrot d'à côté Flaubert.

19

Un tremblement de terre : AXA et la crise sanitaire

En parallèle, un événement planétaire est en train de se préparer à déferler sur le monde : depuis novembre 2019, la Chine a fermé une ville entière, des milliers de gens sont assignés à résidence. À Wuhan, c'est en réalité déjà 3 000 personnes mortes d'un virus inconnu. Toute cette histoire me rappelle immédiatement le livre prémonitoire d'Alexandre Adler qui, à partir d'un rapport de la CIA[8], évoquait l'hypothèse d'une pandémie ayant sa source en Chine du Sud et qui paralyserait l'économie mondiale, le tout décrit avec des détails annonciateurs à faire froid dans le dos. Coïncidence ou prémonition ? La réponse m'intéresse peu, je ne sens pas cette histoire de pandémie et missionne Anaïs d'auditer tous nos contrats en cours dont ceux de mon assureur AXA.

Étant en cours d'acquisition de Maison Rostang, je m'intéresse aux contrats d'assurance souscrits pour les deux

8. Alexandre Adler, *Le Nouveau Rapport de la CIA. Comment sera le monde en 2025 ?*, Pocket, 2006 (différentes éditions successives).

restaurants. Michel Rostang balaie ma demande d'un revers de main au motif qu'il fait confiance à son propre assureur, un ami de longue date, me faisant comprendre qu'il souhaite voir lesdits contrats rester chez lui. Je lui réponds, très pragmatique : « Écoute Michel, pour moi, "ami", ce n'est pas un métier. Toutefois, pour t'agréer, je vais étudier ses clauses et si elles me conviennent, pourquoi pas ? » Mon avocate et moi comparons les contrats AXA entre nos mains avec ceux que Michel Rostang a souscrits pour le Rostang et le Flaubert. Je le rappelle et lui explique que les deux assurances signées par lui chez Generali ne couvrent pas correctement les deux établissements en raison des exclusions, trop nombreuses, et des alinéas pour le moins opaques. Je lui annonce ma volonté de résilier les contrats pris chez Generali pour les regrouper à la Satec, chez AXA. Telle Cassandre, je vois les choses se produire sans que personne en ait vraiment conscience dans l'immédiat. Les discours politiques sont confus, peu rassurants et contradictoires, et La Palice ne me volerait pas l'expression selon laquelle si c'est confus c'est que ce n'est pas clair, et si ce n'est pas clair c'est qu'il y a anguille sous roche.

J'organise une réunion le 15 février avec mon assureur, mon avocate et moi-même. Mes questions sont précises, je veux l'entendre me confirmer que je serais couvert si l'activité s'arrêtait en cas de contagion au sein de mon entreprise. Les réponses sont tout aussi tranchées : aucune offre ne permet une telle prise en charge et il serait de toute manière impossible de la créer ou de la mettre en œuvre.

J'insiste : une petite ligne de mon contrat stipule que la prise en charge est garantie à la suite d'une fermeture administrative avec activation de la perte d'exploitation. Si cette décision de fermeture vient d'une autorité de police comme indiqué dans cette clause, suis-je bien couvert conformément à mon contrat ?

Le conseiller me répond : « Mais, monsieur, qu'est-ce que vous ne comprenez pas dans votre clause ? Elle est claire, non ? » Très bien, j'en prends acte, mais au fond de moi je sais que nous n'en avons pas fini. Par prudence, nous vérifions nos fonds propres, nous interrompons tous les travaux en cours ou à exécuter dans nos restaurants, suspendons tous nos engagements, bloquons les recrutements. Pendant la crise financière de 2008-2009, les banques ont mis en place des *stress tests*, tests de résistance consistant à simuler des conditions économiques et financières extrêmes, face à une situation exceptionnelle. Cela sert donc à mesurer dans mon cas la capacité de résistance de mon jeune groupe à travers différents scénarios.

Mon ami Arnaud me transmet le numéro de téléphone du ministre de l'Économie, Bruno Le Maire. Sans me démonter, le 11 avril 2020, je lui envoie un long message ; non pas pour lui demander d'intervenir en ma faveur, mais parce que je pressens un chaos planétaire lié à ce mal venu d'ailleurs, dont nul ne semble anticiper l'ampleur. J'ai de bons sentiments à l'égard de notre ministre. Si le monde s'effondre pays après pays comme dans un jeu de dominos, les entreprises vont souffrir de fermetures inédites et trouveront la même réponse chez les assureurs : « Circulez, il n'y a rien à voir. » Non seulement AXA refuse d'indemniser les parts d'exploitation, mais, plus choquant, je dispose d'un écrit émanant de la Satec donnant instruction de modifier dès à présent ces polices d'assurance afin d'y introduire l'exclusion en cas de pandémie.

Le 14 mars 2020, la foudre s'abat sur l'ensemble des entreprises françaises, condamnées à baisser le rideau. Je réunis mes collaborateurs pour leur assurer que le groupe protégera tous les salariés, que nous sommes prêts à affronter cette crise, nous avons vérifié la solidité du groupe, nos contrats... Un peu plus tard dans la soirée, Nicolas Beaumann, le chef de Maison Rostang, m'appelle pour m'annoncer la fermeture de nos établissements à minuit. Incrédule, je vérifie pour me rendre à l'évidence.

Le lundi 16 mars, dès la première heure, mon courtier m'enjoint de faire ma déclaration de sinistre en ligne sans perdre de temps, afin d'être indemnisé au plus vite. Je reste perplexe : trop rapide, trop facile; d'autant qu'un mois auparavant la discussion s'était elle-même terminée de façon trop rapide, trop facile. Je demande à mon avocate de préparer un courrier formel, non pas simplement destiné à AXA mais également à un juge, car je sens que le combat juridique ne fait que commencer.

Côté scène, je suis responsable d'une cinquantaine de salariés au moment de la fermeture administrative de mes établissements. En coulisses, le 17 mars 2020, je signe la rupture conventionnelle avec Audi, après seize ans d'activité et un salaire très confortable. En quelques heures, je passe du statut de salarié protégé à chef d'entreprise confronté à une crise sans précédent. Un obstacle démesuré, mais la vie m'a formé à les pulvériser, je ne vais pas me laisser endormir par de beaux discours rassurants et attendre que l'orage passe. Pas maintenant. Je refuse de subir, une nouvelle fois. Je prends rapidement conscience du choc social que cette fermeture, si elle dure, va engendrer. Je m'attelle le soir même à sécuriser leurs emplois, y compris ceux des salariés en période d'essai. J'ignore encore que l'État va mettre en place le dispositif de chômage partiel. Voilà en tout cas ma manière d'aborder le contexte de cette crise, que je pressens puissante et inédite.

Le 17 mars, j'appelle Jean-Jacques Bourdin, journaliste sur RMC et BFM, que j'ai rencontré en tant que client chez Audi et avec lequel j'ai gardé des bonnes relations depuis des années. J'évoque ma peur de voir les assureurs se défausser de leurs responsabilités. Il me promet de les interroger et, à sa manière, de les provoquer dès que l'occasion se présentera. Parallèlement, j'envoie un message à plus de 500 chefs d'entreprise pour les inviter à lire leur contrat d'assurance et à rester vigilants. Je leur adresse la lettre type préparée plus tôt par mon avocate afin de les aider à faire leur déclaration de sinistre dans ce cadre bien précis.

Dans l'œil du cyclone, je reçois des centaines de messages de chefs d'entreprise, complètement déboussolés face à cette situation. Je décortique à nouveau les articles de loi, les clauses de mon contrat, tous les éléments qui me préoccupent. Pendant des heures. Nuit et jour. Sans relâche. Un soir, un vent de panique souffle dans ma tête : le décret de fermeture administrative a été signé par le ministre des

Solidarités et de la Santé et non par le ministre de l'Intérieur, qui représente l'autorité de police. AXA affirme que le ministre de la Santé n'a pas pouvoir de police ; la clause de mon contrat, la fameuse petite ligne, ne me sauvera pas. Je me jette sur mon téléphone pour interroger Didier Le Prado, avocat au Conseil d'État et à la Cour de cassation, que j'ai eu la chance de rencontrer par le biais de mes relations. Ma question est simple : un ministre des Solidarités et de la Santé a-t-il le pouvoir de fermer administrativement des commerces ? La réponse est sans ambiguïté : oui, le Code de la Santé publique, article L 3131-1, stipule qu'en cas de menace sanitaire grave, c'est le ministre des Solidarités et de la Santé qui a le pouvoir de prendre toute mesure nécessaire à lutter contre une épidémie, dont la fermeture des commerces. Dans ce cas, et à cette heure précisément, il s'agit bien d'une fermeture administrative décidée par l'autorité de police administrative. Je respire. Je tiens mon argumentaire et je vais le marteler.

Mon répit est de courte durée : AXA persiste et signe dans son refus aveugle d'assumer son rôle dans cette crise. Voici son argument : les Français ayant été confinés, ils ne fréquentent plus les restaurants, donc il n'y a aucun sinistre à déclarer, donc pas de rôle à assumer pour l'assureur. Là encore, je fais appel à toutes les minutes du jour et de la nuit pour décortiquer, contacter tous mes réseaux afin de trouver l'argument, la vérité.

Le président Macron avait cédé aux pressions politiques de tous bords et maintenu les élections municipales. Il avait décidé de permettre aux citoyens français d'aller voter le dimanche 15 mars, le confinement ne prenant acte que le lendemain, soit deux jours après les fermetures des restaurants, le 14 mars. Les faits sont têtus : il est clair qu'au moment de la fermeture des restaurants et des commerces les Français étaient encore libres d'aller et venir jusqu'au 16 mars. Les commerces étaient donc bien en situation de sinistre. S'il n'y avait pas eu cette parenthèse démocratique de quarante-huit heures, nous nous serions retrouvés dans une situation générale d'absence de préjudice ; c'est dire si ça s'est joué à rien ! La chance, une fois encore, m'a tendu la main.

Pour rebondir, et toujours en parlant de la restauration, d'aucuns instaurent le *click and collect* pour garder la tête hors de l'eau, le temps de laisser passer la tempête. Je fais le choix inverse pour ne pas ajouter du drame au drame en concurrençant et déréglant un marché déjà existant. Il m'importe de ne pas déplacer le problème, estimant que mon assureur a le devoir de m'indemniser et n'a pas à me pousser à concurrencer ce secteur de manière opportuniste, d'autant que juridiquement il pourrait jouer sur cette ambiguïté et m'opposer une clause visant la non-fermeture administrative ; sans compter que le chiffre d'affaires généré par la vente à emporter est anecdotique par rapport au service sur table.

Les chefs d'entreprise, tous bords confondus, commencent à prendre la parole, à témoigner de leur souffrance. Se sentant mis en cause, les assureurs se retranchent dans leur bunker. Je m'intéresse de plus près à tous les contrats d'assurance possibles et, grâce à mon avocate, je commence à maîtriser le sujet. Le « très compliqué » des clauses interminables et ambiguës laisse croire qu'un assuré va perdre d'avance et celui-ci préfère alors ne pas s'y frotter, d'autant que les frais de justice sont coûteux et que les assureurs ont les moyens d'aligner une muraille d'avocats. Pourtant, j'ai les arguments pour me défendre, il suffit d'avoir le courage de se battre. Je suis prêt à y aller, un peu comme si toutes les expériences vécues jusqu'alors m'y avaient préparé.

Le compteur des morts fait valser les chiffres, soulignant l'égalité de tous devant la fatalité : artistes, journalistes ou médecins, ceux mêmes qui sont censés nous soigner, ne sont pas épargnés. *Memento mori.* Nous dévalisons tous les supermarchés pour assurer notre stock de nourriture, d'eau, de masques sans rien partager, sans souci des autres. Quelle triste période.

Comment absorber cette onde de choc et, à mon niveau, participer à l'effort national ? Plutôt que d'applaudir chaque soir à mon balcon, je décide de soutenir les soignants, placés en première ligne, en leur préparant des repas avec mes chefs. Nous commençons avec 200 repas par jour : j'achète la marchandise sur mes fonds propres, mes associés et mes salariés travaillent bénévolement pour cuisiner et assurer les livraisons. Je décide de créer un collectif et de me mettre en ordre de marche sous la bannière commune de la solidarité.

En attendant, je ferraille toujours avec mon assureur. Les pourparlers avec mes interlocuteurs de chez AXA ne mènent à rien : on m'envoie de Charybde en Scylla, de calendes grecques en calendes romaines au point que, n'ayant plus le choix, je décide d'un entretien de la dernière chance avec le directeur des entreprises chez AXA France.

Dans un ultime recours amiable, je souhaite transiger pour ne pas aller au procès. L'entrevue a lieu le 15 avril 2020. Moi qui attendais beaucoup de cet échange, qui dure trois quarts d'heure, en ressors dépité. N'ayant pas obtenu l'accord amiable que j'espérais, je n'ai d'autre choix que dc mettre à exécution ma menace d'ester en justice.

Parallèlement, les hommes politiques que j'ai sollicités me répondent avec beaucoup de politesse mais sans fond et je me rends compte que les députés ne sont pas la solution à nos problèmes. Ni le Sénat ni l'Assemblée nationale ne trancheront le nœud gordien. Je choisis une autre fenêtre de tir : l'opinion publique ! C'est elle qu'il faut convaincre et le meilleur moyen de la toucher se fait par les médias. Parler en mon nom et pour mes seules entreprises équivaudrait à tirer un coup de fusil dans les étoiles ; pour fédérer, il faut que le collectif demeure soudé. Seul Bruno Le Maire reste à l'écoute. J'observe ses sorties dans la presse afin que les assureurs prennent leur part de responsabilité. De mon côté, je l'alimente de mes recherches par WhatsApp.

Voyant des restaurateurs décidés à attaquer leurs assureurs en justice, je crains le pire : si nous partons en ordre dispersé, si l'un de ces chefs met sa menace à exécution, la première décision du tribunal va faire jurisprudence. Si celle-ci est défavorable, elle va enterrer toutes les autres. Je préviens mon avocate : « Nous devons être les premiers à assigner. Nous avons tellement décortiqué les contrats que nous sommes capables de tenir la barre, ce qui n'est peut-être pas le cas de certains confrères. Mais nous n'allons viser qu'un seul de mes établissements dans la mesure où j'ai assuré mes quatre restaurants avec le même contrat d'assurance. Si je gagne sur un contrat, il s'appliquera mécaniquement aux autres. Assignons en référé en mon seul nom et pour un seul bistrot : le bistrot d'à côté Flaubert. » L'affaire est lancée !

Quelques jours avant l'audience qui se tient au tribunal de commerce de Paris, nous apprenons qu'en raison du confinement les débats se dérouleront en visioconférence. La veille, une réunion de la dernière chance s'est tenue avec les responsables d'AXA, qui m'ont proposé la possibilité de m'indemniser, moi seul, à condition de me rétracter devant le tribunal. Je refuse.

Je n'ai qu'une seule avocate pour plaider ma cause, face à une brochette de défenseurs issus de deux grands cabinets parisiens. Tandis qu'elle se prépare, j'appelle un ami réalisateur, et lui demande d'installer une caméra pour que l'on voie et entende bien Anaïs. L'instant est crucial et je ne peux me permettre de rater ma défense pour un problème de retransmission.

Laissant mon avocate à sa concentration, je me connecte en visio au tribunal et vois une pléiade de onze personnes inscrites à l'audience, dont cinq avocats. Je détourne immédiatement mon écran pour éviter qu'Anaïs le voie et qu'elle soit déconcentrée. Je l'avoue, je n'en mène pas large et ai moi-même besoin de me rassurer ! J'appelle Didier Leprado, avocat à la Cour de cassation, pour lui faire part de mon désarroi. AXA aligne plus de 100 000 euros d'honoraires d'avocats alors que je ne demande que 45 000 euros ! Il me rassure, me conseille de ne pas me laisser impressionner par leurs effets de manches et leurs crinières de lions empanachés. Il m'indique qu'ils s'affaiblissent avec une telle démonstration de force, ils montrent qu'ils ne sont pas sereins. Je raccroche et j'appelle un autre de mes amis, au barreau de Saint-Étienne, qui me donne à son tour de précieux conseils : « Ne prends pas la parole et laisse faire ton avocate. Écoute ce qui se dit, prends le pouls ; ils vont tenter de t'énerver, de t'humilier, ne réagis pas, ne montre aucune impatience ou colère ; si tu as quelque chose à dire, prépare-le et dis-le à la fin des débats. »

Le président du Tribunal de commerce de Paris ouvre l'audience. Mon avocate démarre, ne se laisse pas déstabiliser et prend à son tour la parole, avec conviction, sans trembler. Les avocats d'AXA font ensuite feu, les arguments fusent, les prises de parole se succèdent sans arrêt pour me caricaturer en millionnaire qui cherche à tout prix à soutirer malhonnêtement de l'argent à son assureur. À l'issue des débats, je demande à prendre la parole pour démonter à mon tour l'argumentaire de la brochette d'avocats qui me fait face. Lorsque l'on sait d'où je viens, mon choix de quitter mon poste confortable dans le secteur automobile pour faire le grand saut, leurs attaques ne tiennent pas. Le magistrat lui-même coupe court en indiquant que « l'argument tendant à faire croire que M. Manigold est millionnaire est fantaisiste ». Je savoure l'instant, et la réplique du juge qui me donne la force de poursuivre : « J'ai quitté mon poste pour sauver une entreprise naissante, j'ai protégé tous mes salariés, je n'ai licencié personne, j'ai travaillé jour et nuit sept jours sur sept. Je n'accepte pas d'être caricaturé par une multinationale internationale qui m'accuse d'être nanti, tout ça dans un mépris total, alignant en face de moi plus de 100 000 euros d'honoraires d'avocats alors que mon avocate est seule et que je demande simplement 45 000 euros en vertu de l'application de mon contrat. Dans leurs écritures, l'assureur requiert le rejet de mes demandes au motif que je ne justifie pas des chiffres de mon entreprise Maison Rostang. Or, j'ai fait le choix de n'assigner AXA qu'au titre du bistrot Flaubert parce que je considère naïvement que si je gagne ou perds mon action en justice le contrat s'appliquera mécaniquement aux quatre contrats. Parce que j'ai aussi fait le choix de la responsabilité face à la crise sanitaire et le confinement, estimant qu'il convient d'aller à l'essentiel pour ne pas faire œuvrer trop longuement magistrats, greffiers et avocats. »

L'un des défenseurs d'AXA intervient en soulignant qu'AXA m'a tout de même fait une offre et que je l'ai refusée. Je reprends alors la parole : « Je respecte le secret des négociations, mais, puisque cela vient d'être évoqué par la partie adverse, je rétablis la vérité : j'ai effectivement décliné cette offre, car AXA refuse d'indemniser tout le monde hormis moi. Or, par esprit de solidarité, ma volonté est de faire indemniser au même titre tous les restaurateurs ayant souscrit ce type de contrat. Mon but est d'actionner un dispositif d'ordre général et non de m'en sortir tout seul. » J'indique au magistrat que je ne suis pas à vendre, que ma liberté de parole n'est pas à vendre et que ma solidarité avec les chefs d'entreprise n'est pas à vendre.

L'audience prend fin à l'issue de deux heures de débats. Nous attendons la décision, qui doit tomber le 22 mai à

16 heures, par courriel, en raison des contraintes sanitaires. Mon bureau se remplit : journalistes, maire du 17e arrondissement, collaborateurs. L'attente est longue, interminable, et impossible de penser à autre chose. À 16 heures, le stress monte d'un cran car rien ne vient. Mon avocate appelle le tribunal pour au moins connaître la teneur du jugement. On la renvoie, il faut encore attendre. Je suis fatigué, je ne dors plus depuis des jours, mais je sais que d'autres que moi vivent la même angoisse. Les minutes filent, c'est une torture, je repasse l'audience dans ma tête, tout ce que j'ai dit, toutes mes heures de travail… Et puis il y a de plus en plus de journalistes présents, dont celle de Reuters, qui m'indique que New York se réveille sur cette affaire, qu'elle est contactée du monde entier et me glisse : « Ça ne sent pas bon pour AXA s'ils perdent. »

À 17 heures, un courriel arrive. Enfin. Anaïs l'ouvre, clique sur la pièce jointe et commence à la lire. Je lui demande, impatient : « VA TOUT DE SUITE À LA FIN ! » Elle prononce alors ce que j'attendais, du moins ce que j'espérais de tous mes vœux : AXA est condamné… Condamné. C'est l'explosion de joie, comme si j'avais avalé une caisse de feux d'artifice. Mon cœur se met à battre à cent à l'heure. Tout le poids qui pesait sur mes épaules depuis des mois tombe d'un seul coup. Je suis vidé et en même temps irradié par l'énergie de la victoire. J'ai gagné. David a vaincu Goliath ! La justice est rendue. Le monde entier doit savoir. J'organise une conférence de presse en direct, retransmise sur les réseaux sociaux, pour annoncer la nouvelle. Face aux caméras je tremble, je pleure, mais je veux crier au monde entier, comme une revanche sur mon passé, que le pire n'est jamais une fatalité.

Regarder l'horizon

Les mois se sont écoulés depuis le début de la crise et mes rapports avec AXA sont apaisés. Ma conviction est que lorsqu'on mène un combat, il ne faut pas qu'il devienne celui d'une vie, ni qu'il se mue en haine féroce. On peut ne pas être d'accord avec quelqu'un, à un moment donné, mais l'important est de ne pas saborder le navire, de ne pas couper le lien, de continuer à se parler, à débattre. Parce que rien n'est immuable et, c'est bien connu, seuls les imbéciles ne changent pas d'avis. Nos opinions peuvent varier, et vouloir à tout prix maintenir les siennes contre l'évidence est un signe de bêtise. C'est en cela que l'homme évolue positivement, quand il comprend qu'un cercle vertueux a toujours un meilleur avenir qu'un cercle vicieux.

Lorsque j'ai affronté l'assureur AXA, nous étions face à un cas de figure inédit. Je me suis battu pour ce que je croyais juste et cette entreprise, malgré ses réticences liminaires, a compris que son rôle est de proposer un parapluie quand il pleut et non quand il fait beau. Je lui reconnais le mérite d'avoir réfléchi, évolué, pour avancer dans le bon sens en décidant d'indemniser tous les assurés. J'ai aujourd'hui d'excellents rapports avec le nouveau directeur général d'AXA, Patrick Cohen, parce que nous avons pris le recul nécessaire et que nous nous tournons vers l'avenir.

J'en reviens aux clichés, et le mot « assureur » véhicule les siens. J'ai moi-même été victime des préjugés et récemment encore de discrimination. On m'a affublé du titre abject de « Sale Juif de la semaine », illustration ignoble des préjugés et stéréotypes qui sévissent malheureusement toujours.

« Cliché », voilà un nom commun, une idée, qui appelle une cohorte d'équivalences ou de synonymes : jugement, préjugé, a priori, parti pris, idée reçue, partialité, stéréotype, opinion, conviction, soupçon, mésestime, vieille lune, lieu commun, fadaises, idées préconçues, présomption, œillères, méconnaissance, réfutation, incompréhension, pensée manichéenne, peur... Ce qui me ramène à mon mantra : Avançons ! Arrêtons de mettre les gens dans des cases, une étiquette collée sur le front, « riche », « pauvre », « assureur », « banlieue », « immigré », « chômeur »... C'est un peu comme si l'on commentait et critiquait le contenu d'une boîte fermée sans même penser à en soulever le couvercle pour savoir ce qu'il y a à l'intérieur. Je pense à ce spot lancé par la télévision danoise, qui a bouleversé des millions de gens[9]. Il démontre bien que l'on commence toujours par mettre des gens dans des cases, selon des stéréotypes manichéens. Et lorsque l'on épluche un peu, lorsqu'on y regarde de plus près, lorsque l'on s'intéresse à l'autre et qu'on échange avec lui, on se rend compte que les lignes volent en éclat. J'invite les sceptiques à le visionner pour comprendre la mesure de ce qui m'anime.

---

9. http://positivr.fr/danemark-cases-differences-points-communs-tv2/

Cessons d'opposer les riches et les pauvres, et voyons comment ils peuvent travailler ensemble pour changer les choses, de manière positive. Une idée toute simple : un riche peut tendre la main, sans a priori ; un pauvre peut l'attraper, sans jugement. Au riche à qui on demanderait : « Pourquoi faites-vous ça ? », qu'il réponde : « Parce que je le peux ! ». Au pauvre à qui on demanderait : « Pourquoi as-tu accepté son aide ? », qu'il réponde : « Parce qu'il me l'a proposée ! » Le lien est créé. Nul ne maîtrise sa mort ni ne choisit de naître ici ou ailleurs, dans telle famille riche plutôt que pauvre. Mais nous avons la chance, l'honneur et le privilège de naître en France, où tout espoir reste permis. Faisons vrais ces quelques vers d'une chanson de Jean-Jacques Goldman : « Qu'importe si j'ai gagné la course, et parmi des milliers / Nous avons tous été vainqueurs, même le dernier des derniers / Une fois au moins les meilleurs.[10] »

J'ai beaucoup évoqué la chance dans mon récit, pourtant j'ai aussi dû me battre pour m'élever socialement. J'ai connu le désespoir, j'ai eu la rage au cœur, j'ai serré les poings, mais je n'ai jamais baissé les bras.

Si j'ai évoqué nos déboires familiaux pour expliquer le contexte qui m'a mené là où je suis aujourd'hui, je ne me suis pas appesanti sur le devenir des miens, parce que c'est à eux de raconter ce qu'ils veulent bien exposer de leur trajectoire personnelle, de leur intimité. Ainsi, je dirais simplement que chacun a fait ses choix de vie selon son propre ressenti des

10. *Bonne idée*, paroles et musique Jean-Jacques Goldman, arrangements Erik Benzi, 1997.

évènements qui ont jalonné notre enfance. Mon grand frère a réussi, il a fondé une jolie famille et j'en suis fier, comme il l'est de moi. Lorsque j'ai mené mon combat contre AXA, il a été le premier à m'adresser un message d'encouragement et ce geste m'a profondément ému. Quant à mon plus jeune frère, celui qui n'avait que 2 ans lorsque notre mère nous a abandonnés, il s'en est bien sorti aussi.

Qu'en est-il des dettes de mon père qui ont marqué notre enfance au fer rouge ? Lorsque la Ville nous a expulsés, j'étais alors trop jeune pour comprendre ces choses autrement que dans la souffrance d'un enfant jeté à la rue. J'ai su par la suite qu'au moment de notre expulsion, mon père avait un arriéré de dette de loyers de 25 000 francs et alors, j'ai rencontré différents élus socialistes pour obtenir son annulation.

Cela étant dit, il faut se rendre à l'évidence : certaines occasions – anniversaires, Noëls, vacances – réunissent et soudent les familles en leur fabriquant des souvenirs communs. Quand vous avez été privé de tout cela, que votre fratrie a été écartelée, séparée, il est difficile de recréer artificiellement ce lien plus tard. Pour moi, il y a eu un moment où j'ai ressenti le besoin, par instinct de survie, de m'extirper d'une existence où « tout va bien quand tout va mal » pour avancer. Il me fallait couper le nœud gordien pour me libérer d'un boulet qui m'empêchait de prendre mon envol. Pour m'en sortir, pour ne pas tomber dans la délinquance…

Aujourd'hui, ne pas oublier d'où je viens m'aide à savoir où je vais et la réussite ne m'a pas déconnecté du monde réel, bien au contraire. J'ai la chance d'être à la tête de huit restaurants qui emploient 150 salariés, je peux à présent être davantage donneur que receveur. À mon tour de partager ! Mon groupe porte à la fois le nom et le symbole de la mission que je me suis donnée : « Éclore ». Faire éclore des talents. Parce que je peux le faire, je confie les clés de mes établissements à des jeunes qui ont la motivation, l'envie de réussir ; je participe à l'ascension sociale dans mon entreprise et, du plongeur au chef, tous ont leurs chances d'évoluer. Les premiers actionnaires dans mon entreprise sont mes salariés et l'on veille à chaque instant à ce qu'ils se sentent bien là où ils sont.

Voilà mon but : valoriser des « artistes manuels », les accompagner et les lancer dans leur art. Je déplore le fait que, dans ce pays, l'administration fiscale écrase les artisans et les accule souvent à la faillite. Eux qui, si doués soient-ils dans leur domaine, ont moins de talent pour gérer l'administratif. En ce sens, l'accompagnement social que je leur propose est conforme à mes idées : exprimez-vous dans votre art, nous nous occupons du reste. Et pas seulement dans la restauration. En est témoin par exemple le barbier, dont plusieurs collaborateurs du groupe étaient clients. Crise oblige, il a connu difficulté sur difficulté, jusqu'à devoir vendre sa voiture. Son salon a fermé et il a tout perdu. J'ai décidé de l'accompagner en rachetant le salon et en l'y réinstallant.

Aider, c'est mon carburant, parce que j'ai moi-même été aidé. Je me souviens du jour où j'avais interrogé Christian : « Comment pourrai-je jamais te remercier ? » Il m'avait répondu, le plus naturellement du monde : « Fais pour les autres ce que j'ai fait pour toi et nous serons quittes. » Voilà ce qui m'anime aujourd'hui, voilà ce qui me sert à vivre en harmonie avec moi-même : j'ai pris l'ascenseur et à présent je le renvoie.

Je ne me suis jamais battu pour moi tout seul, mais pour « nous » tous; comme au stand de tir, ou dans la procédure menée contre l'assureur AXA. Combien auraient prêché pour leur seule chapelle, empoché leurs billets en se disant que les autres n'ont qu'à se débrouiller?

Aujourd'hui, je reçois de nombreux messages des sandwicheries et des petites structures touchées par les nouvelles restrictions sanitaires. Ça me prend un temps fou de faire des plateaux télés et des émissions, mais j'ai compris qu'il faut témoigner publiquement, exprimer le malaise de ceux qu'on croit au demeurant bien nantis. L'on m'adresse des messages de reconnaissance pour ce que je défends, au nom d'une profession tout entière. Ainsi, si l'on me demande : « Pourquoi le fais-tu? », je peux répondre fièrement : « Parce que je le peux! » Et je n'en ai pas fini! Mon vœu est de continuer à être l'un des gardiens de l'ascenseur social et appuyer sur le bouton dès que l'occasion m'en sera offerte. Je veux être l'homme qui parle à l'oreille des politiques, défend et invente des idées, dans l'intérêt de tous.

Mon dernier message, je l'adresse aux jeunes des foyers et des quartiers : ouvrez grands les yeux et les oreilles, nourrissez-vous des autres, non pas pour en profiter mais pour en tirer modèle; déployez votre curiosité, dépassez les préjugés, observez le monde, voyez plus loin que votre horizon immédiat. J'ai grandi dans une ZUP et un jour j'ai réalisé qu'au-delà de ma barre d'immeuble il y avait une ville,

Mulhouse ; puis, qu'il y avait une région, l'Alsace ; ensuite, un pays, la France ; puis une Europe, puis des continents. J'ai grandi lorsque j'ai compris que la vraie géographie, ce n'est pas l'index posé sur un point d'un globe, c'est le terrain riche d'expériences. Lorsque j'ai commencé à voyager, j'ai saisi que la chance est à chaque coin de rue, il suffit d'oser. Ne restez pas assis dans votre cage d'escalier, allez frapper aux portes. Derrière l'une d'elles, la chance vous attend ! Construisez-vous des rêves, fixez-vous des objectifs. Comme l'a enseigné Sun Tzu dans *L'Art de la guerre* : « Celui qui n'a pas d'objectifs ne risque pas de les atteindre. » Soyez acteurs et non spectateurs de vos vies. Apprenez partout où il y a à apprendre. Appréciez ce que vous avez, maintenant, et demandez-vous comment l'utiliser pour avancer. C'est ce que je fais tous les jours.

Si vous ne me jugez pas digne d'être votre modèle, laissez-moi au moins être votre admoniteur, ce personnage en peinture qui regarde, apostrophe le spectateur et l'invite à participer au tableau. Ne restez pas sur le bord du chemin, mettez-vous en marche. Certes, il y aura toujours sur votre route des gens qui vous placeront des bâtons dans les roues, mais dépassez cela. Car vous rencontrerez aussi quelqu'un pour vous tendre un verre d'eau, un bout de pain, une lanterne pour éclairer votre nuit, un coin de cheminée pour vous réchauffer, un homme ou une femme qui vous adressera un sourire ou un encouragement. Ceux qui ont la foi, croyez-en Lui. Ceux qui comme moi l'ont abandonnée, faites comme moi, qui me suis tourné vers une sorte de philosophie de vie, preuve en sont ces petites phrases ou ces maximes qui m'ont insufflé force et courage. J'agrémente mon quotidien de petites choses ; la sonnerie de mon téléphone est par exemple la musique du merveilleux film de Roberto Benigni, *La vie est belle.* Lorsque je reçois un appel, cette mélodie est là pour me rappeler que, quelle que soit la nouvelle, bonne ou mauvaise, la vie est belle...

Voilà pourquoi j'ai écrit ce livre. Pas pour me faire plaisir, ni pour faire ma « bio de star », mais pour apporter mon témoignage et délivrer un message. Mon témoignage, c'est celui d'un jeune malmené par la vie qui s'est donné les moyens de changer sa destinée, d'écrire sa propre histoire. À travers mon parcours, je veux apporter un message positif avant tout aux jeunes en manque d'exemplarité.

Ce qui me comblerait, c'est que chaque lecteur, en refermant ce livre s'interroge : « Et moi ? Que puis-je faire à mon niveau pour que mon lopin de terre devienne un petit paradis ? » Pas demain, non ! Pas à l'autre bout du monde, non ! Mais là, maintenant, aujourd'hui, sachant que tout ce qu'on garde pourrit, tout ce qu'on donne fleurit. Que ceux qui n'ont rien aillent à la rencontre de ceux qui peuvent aider, sans préjugés, que ceux qui ont la capacité d'aider les autres, le fassent. Je mettrai un point final à ce livre après avoir cité un proverbe hébreu :

« Qui donne ne doit jamais s'en souvenir,

Qui reçoit ne doit jamais oublier. »

MIXTE
Papier issu de sources responsables
FSC® C003309

L'éditeur de cet ouvrage s'engage dans une démarche de certification FSC® qui contribue à la préservation des forêts pour les générations futures.

Pour en savoir plus :
www.editis.com/engagement-rse/

Cet ouvrage a été achevé d'imprimer sur Roto-Page
par l'Imprimerie Floch à Mayenne en mars 2022
N° d'édition : 7339 – N° d'impression : 100115
Imprimé en France